수행을 도와주시는 모든 분들께
감사의 예 올립니다
무 일 귀 대 도　無一歸大道
하나도 남김 없이 중생계에 멋지게
회향하는 날을 기다립니다…

KB208626

001 002 003 004 005 006 007 008 009 010 011 012 013 014 015 016 017 018 019 020 0

022 023 024 025 026 027 028 029 030 031 032 033 034 035 036 037 038 039 040 041 0

043 044 045 046 047 048 049 050 051 052 053 054 055 056 057 058 059 060 061 062 0

064 065 066 067 068 069 070 071 072 073 074 075 076 077 078 079 080 081 082 083 0

085 086 087 088 089 090 091 092 093 094 095 096 097 098 099 100 101 102 103 104 1

106 107 108 109 110 111 112 113 114 115 116 117 118 119 120 121 122 123 124 125 1

127 128 129 130 131 132 133 134 135 136 137 138 139 140 141 142 143 144 145 146 1

148 149 150 151 152 153 154 155 156 157 158 159 160 161 162 163 164 165 166 167 1

169 170 171 172 173 174 175 176 177 178 179 180 181 182 183 184 185 186 187 188 18

190 191 192 193 194 195 196 197 198 199 200 201 202 203 204 205 206 207 208 209 2

211 212 213 214 215 216 217 218 219 220 221 222 223 224 225 226 227 228 229 230 2

232 233 234 235 236 237 238 239 240 241 242 243 244 245 246 247 248 249 250 251 2

253 254 255 256 257 258 259 260 261 262 263 264 265 266 267 268 269 270 271 272 2

274 275 276 277 278 279 280 281 282 283 284 285 286 287 288 289 290 291 292 293 29

295 296 297 298 299 300 301 302 303 304 305 306 307 308 309 310 311 312 313 314 3

316 317 318 319 320 321 322 323 324 325 326 327 328 329 330 331 332 333 334 335 33

337 338 339 340 341 342 343 344 345 346 347 348 349 350 351 352 353 354 355 356 35

358 359 360 361 362 363 364 365 366 367 368 369 370 371 372 373 374 375 376 377 37

379 380 381 382 383 384 385 386 387 388 389 390 391 392 393 394 395 396 397 398 39

400 401 402 403 404 405 406 407 408 409 410 411 412 413 414 415 416 417 418 419 42

421 422 423 424 425 426 427 428 429 430 431 432 433 434 435 436 437 438 439 440 44

442 443 444 445 446 447 448 449 450 451 452 453 454 455 456 457 458 459 460 461 46

463 464 465 466 467 468 469 470 471 472 473 474 475 476 477 478 479 480 481 482 48

484 485 486 487 488 489 490 491 492 493 494 495 496 497 498 499 500 501 502 503 50

천일무문관 천일일기, 첫번째

무문관 첫 백일일기

001 002 003 004 005 006 007 008 009 010 011 012 013 014 015 016 017 018 019 020 02

022 023 024 025 026 027 028 029 030 031 032 033 034 035 036 037 038 039 040 041 04

043 044 045 046 047 048 049 050 051 052 053 054 055 056 057 058 059 060 061 062 06

064 065 066 067 068 069 070 071 072 073 074 075 076 077 078 079 080 081 082 083 08

085 086 087 088 089 090 091 092 093 094 095 096 097 098 099 100 101 102 103 104 10

106 107 108 109 110 111 112 113 114 115 116 117 118 119 120 121 122 123 124 125 12

127 128 129 130 131 132 133 134 135 136 137 138 139 140 141 142 143 144 145 146 14

148 149 150 151 152 153 154 155 156 157 158 159 160 161 162 163 164 165 166 167 16

169 170 171 172 173 174 175 176 177 178 179 180 181 182 183 184 185 186 187 188 18

190 191 192 193 194 195 196 197 198 199 200 201 202 203 204 205 206 207 208 209 21

211 212 213 214 215 216 217 218 219 220 221 222 223 224 225 226 227 228 229 230 23

232 233 234 235 236 237 238 239 240 241 242 243 244 245 246 247 248 249 250 251 25

253 254 255 256 257 258 259 260 261 262 263 264 265 266 267 268 269 270 271 272 27

274 275 276 277 278 279 280 281 282 283 284 285 286 287 288 289 290 291 292 293 29

295 296 297 298 299 300 301 302 303 304 305 306 307 308 309 310 311 312 313 314 31

316 317 318 319 320 321 322 323 324 325 326 327 328 329 330 331 332 333 334 335 33

337 338 339 340 341 342 343 344 345 346 347 348 349 350 351 352 353 354 355 356 35

358 359 360 361 362 363 364 365 366 367 368 369 370 371 372 373 374 375 376 377 37

379 380 381 382 383 384 385 386 387 388 389 390 391 392 393 394 395 396 397 398 39

400 401 402 403 404 405 406 407 408 409 410 411 412 413 414 415 416 417 418 419 42

421 422 423 424 425 426 427 428 429 430 431 432 433 434 435 436 437 438 439 440 44

442 443 444 445 446 447 448 449 450 451 452 453 454 455 456 457 458 459 460 461 46

463 464 465 466 467 468 469 470 471 472 473 474 475 476 477 478 479 480 481 482 48

484 485 486 487 488 489 490 491 492 493 494 495 496 497 498 499 500 501 502 503 50

05 506 507 508 509 510 511 512 513 514 515 516 517 518 519 520 521 522 523 524 525
26 527 528 529 530 531 532 534 534 535 536 537 538 539 540 541 542 543 544 545 546
47 548 549 550 551 552 553 554 555 556 557 558 559 560 561 562 563 564 565 566 567
68 569 570 571 572 573 574 575 576 577 578 579 580 581 582 583 584 585 586 587 588
89 590 591 592 593 594 595 596 597 598 599 600 601 602 603 604 605 606 607 608 609
10 611 612 613 614 615 616 617 618 619 620 621 622 623 624 625 626 627 628 629 630
31 632 633 634 635 636 637 638 639 640 641 642 643 644 645 646 647 648 649 650 651
52 653 654 655 656 657 658 659 660 661 662 663 664 665 666 667 668 669 670 671 672
73 674 675 676 677 678 679 680 681 682 683 684 685 686 687 688 689 690 691 692 693
94 695 696 697 698 699 700 701 702 703 704 705 706 707 708 709 710 711 712 713 714
15 716 717 718 719 720 721 722 723 724 725 726 727 728 729 730 731 732 733 734 735
36 737 738 739 740 741 742 743 744 745 746 747 748 749 750 751 752 753 754 755 756
57 758 759 760 761 762 763 764 765 766 767 768 769 770 771 772 773 774 775 776 777
78 779 780 781 782 783 784 785 786 787 788 789 790 791 792 793 794 795 796 797 798
79 800 801 802 803 804 805 806 807 808 809 810 811 812 813 814 815 816 817 818 819
20 821 822 823 824 825 826 827 828 829 830 831 832 833 834 835 836 837 838 839 840
41 842 843 844 845 846 847 848 849 850 851 825 853 854 855 856 857 858 859 860 861
52 863 864 865 866 867 868 869 870 871 872 873 874 875 876 877 878 879 880 881 882
33 884 885 886 887 888 889 890 891 892 893 894 895 896 897 899 899 900 901 902 903
04 905 906 907 908 909 910 911 912 913 914 915 916 917 918 929 930 931 932 933 934
05 936 937 938 939 940 941 942 943 943 945 946 947 948 949 950 951 952 953 954 955
06 957 958 959 960 961 962 963 964 965 966 967 968 969 970 971 972 973 974 975 976
77 978 979 980 981 982 983 984 985 986 987 998 989 990 991 992 993 994 995 996 997
78 999 1 0 0 0

| 천일청정결사 무문관 천일일기, 첫번째 |

무문관 첫 백일일기

| 글과사진 無一 우학 |

도서출판 좋은인연

목도 쓰지 않고 하하하
고성으로 큰 움직임이라
벗어버린 이의 무공저여
행복하니 부처세상이로다

無以咽呵呵
高聲大動也
裸人無孔笛
幸福佛土也

왜 무문관인가!
머리말

천일 무문관 청정수행결사

2013년 음력 4월 15일~2016년 음력 1월 15일

이 책의 머리말은 무문관 청정결사 천일 가운데 700일째 즈음 될 때 한국불교대학 大관음사 부속 도서출판 좋은인연의 부탁으로 쓰고 있습니다. 저는 무문관에 들어와서 하루도 빼지 않고 일기를 쓰고 있는데 '무문관 첫 백일 일기'는 그 중의 하나로서, 첫 번째 일기 묶음 집입니다.

매일 일기를 쓰다보면 단순하고 따분한 무문관 생활에 다소나마 리듬을 찾을 수 있고, 생각들을 체로 걸러내는 듯한 느낌을 받습니다. 그럼, 무문관에 대한 얘기를 좀 하겠습니다.

무문관無門關은 '문이 없는 집'이란 뜻으로 폐관閉關과 통하는 말입니다. 그래서 무문관 수행을 폐관수행이라고도 합니다. 이러한 수행은 왜 하는가 하는 궁금증을 가지기도 하는데, 그것은 6근六根의 문門 즉, 눈 귀 코 혀 몸 생각의 문을 잘 지키기 위해서입니다.

수문견성守門見性! 문을 지키면 성품을 본다.

제가 무문관 살면서 지어낸 말입니다.

그렇습니다. 이 복잡하고 혼탁한 세상살이에서 자기 문을 지키는 일이 중요합니다.

이것은 비단 스님들뿐만 아니라 재가 신도들도 마찬가지입니다. 그러한 의미에서 이 글이 모든 이에게 공감과 법열法悅을 줄 것으로 기대합니다.

무문관은 한마디로 공덕의 창고, 공덕장功德藏입니다. 그러면 어떠한 공덕이 있는지 생각해 봅시다.

첫째, 무문관 수행은 이 공간에 있는 자체가 무문무설無聞無說의 공덕이 있습니다. 즉, 듣지 않고 말하지 않는 공덕입니다. 사람들은 너무 많은 것을 듣고, 너무 많은 것을 말하기 때문에 '참 나', '자기 부처'를 등질 때가 있습니다. 악업을 덜 지으려면 덜 듣고 덜 말해야 합니다.

둘째, 무문관 수행은 무해무질無害無嫉의 공덕이 있습니다. 즉, 이곳은 음해도 없고 질투도 없습니다. 우리는 너무 많은 활동, 큰일을 하다보면 음해와 질투를 받기도 하고, 하기도 하는데 여기 무문관은 외부적 활동이 중지된 곳이라서 그러한 시빗거리에서 근원적으로 벗어나 있습니다. 더러 무문관에 있는 사람을 두고 음해, 질투하는 인간이 있다는데, 그러한 자들은 부처님이 출세出世해도 구제 못 할 일천제一闡提, 단선근斷善根입니다.

셋째, 무문관 수행은 무포무비無飽無肥의 공덕이 있습니다. 즉, 배 부르지 않고 살찌지 않는 공덕입니다. 하루 한 끼만 먹기 때문에 이런 표현을 한 것이기도 하지만, 속 내용은 무문관 안에서는 과도한 탐욕심을 낼 수도, 그 탐욕심을 배불리 저장할 이유도 없다는 뜻입니다.

넷째, 무문관 수행은 무명무욕無名無慾의 공덕이 있습니다. 즉, 이곳에서는 명예도 떠나 있고 오욕락五慾樂도 떠나 있습니다. 이름 즉, 명예가 아무 소용없고, 헛된 욕망이 다 불필요한 곳이기에 조건 없이

다 내려놓는 편안함이 있습니다. 사람이 무명하고 무욕하다면 세상에 아무런 걸릴 것이 없습니다.

다섯째, 무문관 수행은 무주무우無宙無宇의 공덕이 있습니다. 즉, 시간宙에 쫓길 이유도 없고 공간宇을 의식할 이유도 전혀 없는 곳이 무문관입니다. 시간과 공간이 정지된 곳입니다.

시간, 공간을 그 누구도 간섭하지 않아서 오로지 자기 세상입니다. 맘껏 수행할 수 있습니다. 잘 적응하기만 하면 3년 아니라 10년도 문제 없지만, 근기가 모자라면 하루도 견디기 힘듭니다.

여섯째, 무문관 수행은 무득무실無得無失의 공덕이 있습니다. 즉 얻을 것도 없고 잃을 것도 없는 공덕입니다. 이 공덕은 진리적 체험의 공덕입니다. 공空의 세계는 본래로 무득무실인데, 이 무문관 생활은 삶 자체가 그 어떤 얻음도 없고, 그 어떤 잃음도 없습니다. 그저 본바탕 그대로 화평和平입니다.

우리가 잘 아는 단군신화에 사람이 되려고 하는 곰과 범이, 폐쇄된 공간에 아주 적은 양식을 가지고 들어가는 얘기가 나옵니다만, 이것 또한 무문관 정진을 의미합니다. 철저히 혼자가 됨으로써 누구도 흉내 낼 수 없는 내공內功이 갖추어집니다.

이 글을 읽는 모든 불자佛子, 출재가자出在家者들도 꼭 감포도량의 무일선원 무문관 수행을 해보시길 권해드리면서 머리말을 마무리합니다.

관세음보살.

불기 2559년 5월
無一 우학 合掌

문을 닫기 7일전

2013년 5월 16일 목요일
불기 2557년 음력 4. 7

아침, 배드민턴을 치면서 행자들에게 말했다.

"여러분들이 처음 배드민턴 라켓을 잡았을 때는 룰도 잘 몰랐다. 그렇지만 지금은 실력들이 대단하다. 도를 닦는 것도 그와 같아서 어제 오늘, 하루 상간은 표시가 나지 않지만 보름, 한 달의 기간을 보면 차이가 난다.

그 누가 뭐라 하더라도 잘 견뎌야 한다. 설령 주위에 힘들게 하는 사람이 있더라도 그 사람은 그저 객으로 지나칠 뿐이다.

인생은 스스로가 주인이 되어야 한다. 3년 후, 은사인 내가 무문관에서 나올 때까지 열심히 정진들 하길 바란다."

우리절에는 행자가 전부 7명이다. 배드민턴 놀이 중이나 일상사를 지켜보노라니 지금의 행자들이 하나같이 심지가 굳고 수행과 공부의 의지가 돋보인다.

모두가 크게 성장할 것 같아 기대가 된다.

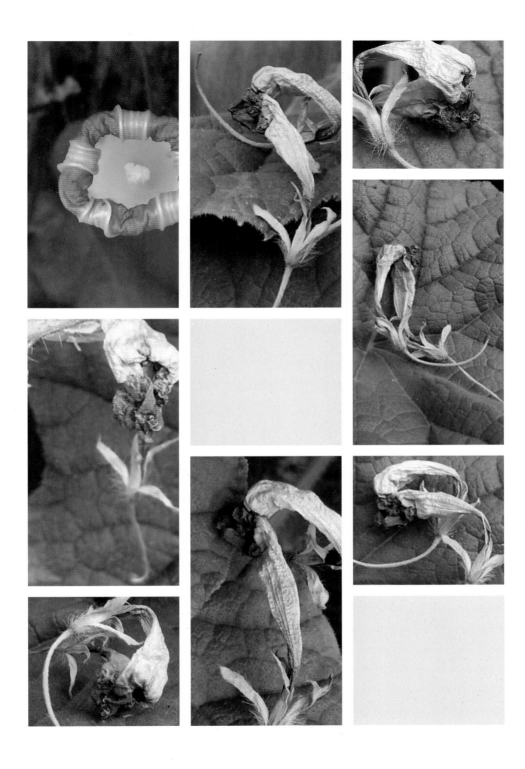

문을 닫기 6일전

2013년 5월 17일 금요일
불기 2557년 음력 4. 8

부처님 오신 날이다. 금일 대법회大法會의 주제는 일주일 남은 천일3년 무문관 청정결사에 대한 내용이었다. 결코 만만치 않은 천일의 정진, 창건주이자 회주의 천일 공석空席.

"천일 정진의 숙제, 천일 공석의 대안!"

이 두 사안을 가지고 한 시간이나 설파하였다. 만일, 한국불교대학 大관음사가 3년 동안 이 상태를 현상유지만 한다면 그 이후는 10년 세월 안에 천 배의 비약적 발전을 할 것이다.

나는 그것을 믿고 있다. 우리 한국불교대학 大관음사의 성장 과정이 그러하였고, 교육된 우리 신도들의 의식 수준이 다른 종교단체, 다른 사찰의 신도와는 확연이 다르기 때문이다.

'법화경, 화엄경, 금강경 21권 사경명상'

'금강경 독송하기'

온 사부대중이 분명한 주인정신을 가지고 결집만 한다면, 비록 짧지 않은 천일이지만 이 세월은 청어 속의 메기가 되어 우리절 한국불교대학 大관음사는 더욱 튼튼해지고 더욱 또렷또렷한 비전을 갖게 될 것이다.

어제까지 올해 우리절 초파일 연등 동참수가 늘었다고 보고를 받

았는데, 오늘 보니 정말 작년보다 신도 수가 훨씬 많았다. 매년 새로워
지고 매년 성장하는 우리절이다.

　　과거에 인연 있었던 사부대중, 지금 인연 맺고 있는 사부대중,
그리고 미래에 인연 지을 사부대중께 감사드린다. 삼세의 모든 부처님
과 역대 제불조사님의 공덕가피에 끝없는 찬탄의 노래를 부른다. 우리
절 반야용선의 항해는 멈추지 않는다. 모든 신장님과 영가님의 외호
속에 성취의 물결을 가른다. 우리절 반야용선을 타고 있는 모든 존재
들은 지금 여기서, 더불어 청정의 행복을 느낀다.

　　오늘 초파일 행사를 보니 그러하다.

문을 닫기 5일 전

2013년 5월 18일 토요일
불기 2557년 음력 4. 9

초파일 전, 후에 이루어지는 무일無
一문도 모임이 있었다. 행자 포함
약 60명의 제자들이 참석하였다.
모임의 주제는 당연히 3년 무문관
안거였다.

모든 대중은 꼭 사경 명상 수행할
것과 5층 보궁을 기도분위기가 끊이지 않는 공간으로 할 것을 당부하
였다. 자기 공부와 수행이 철저하지 않으면 일반신도들을 교화할 수
없음을 재삼 주지시켰다. 그리고 한문의 중요성을 강조하면서 초발심
자경문을 꾸준히 볼 것을 명하였다.

한편, 직계 상좌가 아니더라도 무일문도의 대중이 되는 기준을
발표하였다.

'지금, 현재 우리절에 기거하고 있으면서 본인이 원하면 無一문
도이며, 우리절 도량이나 기관에서 3년 이상 같이 살고 있는 경우는 비
구니를 포함하여 완전히 무일문도 대중으로 받아들인다.'

또한, 감포도량의 주지에게 '천일 무문관 청정결사' 기념 大탑
구상을 지시하였다. 아울러 무일선원 무문관 주위의 CCTV를 더욱 확
충하여 보호 장치를 철저히 할 것을 당부하였다.

문을 닫기 4일전

2013년 5월 19일 일요일
불기 2557년 음력 4. 10

천일3년 무문관 청정결사 직전의 일요법회라 마을상좌유발상좌 희망자의 대규모 입실入室 수계가 있었다. 전부 딱 21명으로 남녀노소, 골고루 신청이 들어왔다. 현재까지 마을상좌는 약 천 명에 이르고 있다. 마을상좌는 자식과도 같은 인연이므로 속으로 늘 '잘 되라' 는 기도 축원을 한다.

　　세상 어디에 있든
　　주인공답게
　　떳떳하고 보람된 일을 하는
　　제자들이 되어주길…….
　　그리고 살아있는 동안 건강하고
　　내생에는 더 행복한 삶 살기를…….

문을 닫기 3일전

2013년 5월 20일 월요일
불기 2557년 음력 4. 11

천일3년 결사의 대비책으로 능력, 좌차를 고려하여 나에게 주어
진 여러 공식 직함을 상좌들에게 완전히 넘겼다.

3년간의 강의 계획도 세워 담당 법사 스님들에게 주지시켰다. 2016년, 3년 안거 후 강의는 선어록으로 할 생각이다.

3년 결사 중, 1학년의 불교개론, 천수경, 반야심경 강의와 2학년의 금강경 강의는 녹화 Tape를 틀기로 하였다. 기초가 잡힌 3학년 이상의 강의는 법사들이 잘해 줄 것으로 믿는다.

문을 닫기 2일전

2013년 5월 21일 화요일
불기 2557년 음력 4. 12

천일 무문관 청정결사에 들어간다는 소문을 듣고 아침부터 도반 스님한테서 전화가 왔다.

"아, 우학 스님, 삼 년 동안이나 자리 비워도 신도님들 괜찮겠습니까?"

내가 말했다.

"아하, 신도님들을 믿어야지요!"

도반 스님은 고맙게도 참좋은 이서중·고등학교 기숙사 건립할 때 큰 금액을 빌려 준 적이 있었는데, 청도 학교와 영천 병원도 걱정하였다.

"창건 스님이 없는데 그 넓은 영역을 상좌 스님들이 잘 운영하겠습니까?"

내가 말했다.

"상좌와 직원들을 믿어야지요!"

도반 스님은 본래 부실한 나의 건강까지 염려해 주었다.

"스님, 그 긴 세월동안 폐쇄된 공간에서 병들면 어떡하려고 합니까?"

내가 말했다.

"예, 나를 믿어야지요!"

도반 스님은 우리절의 교구이관 문제까지 신경 써 주었다.

"스님은 독자 재단법인 안 만들고 대구큰절과 모든 도량들을 다 조계종단에 넣었는데, 직할에서 통도사로 이전하는 것은 문제 없겠지요? 분담금도 많이 내시면서……."

내가 대답하였다.

"예, 종단을 믿어야지요!"

이런 저런 것을 물어 준 도반, 참 괜찮은 도반이다. 내가 도반 스님에게 말했던 것처럼 나는 신도님, 상좌 스님, 직원, 나 자신, 종단을 믿고 오늘 하루도 3년간의 완전 폐관 수행 준비로 바빴다.

옷가지도 챙기고, 조사어록도 몇 권 걸망에 담았다. 늘 쓰던 소형카메라 한 대도 준비했다.

나팔꽃의 개화

문을 닫기 하루 전

2013년 5월 22일 수요일
불기 2557년 음력 4. 13

천일3년 안거를 점검하기 위해 감포도량 무일선원을 찾았다.

거의 모든 준비가 끝났는데, 철조망이 좀 부실하여 내일까지 완료하기로 하였다. 철저한 폐관 수행이 되지 않으면 안 되겠기에 무문관 건물 주위에 2, 3중으로 철조망을 치는 것이다.

엄격하다는 소문을 이제야 들었다면서, 입방하겠다고 약속한 당진의 스님 한 명이 갈 형편이 못된다고 전화가 왔다. 이미 짐을 2, 3차례에 걸쳐 보내놓고 취소를 하니 어이가 없다. 마지막 짐은 어제 도착했는데 오늘 못 오겠다고 하니 마음의 중압감이 컸던 것 같다.

결국 그 스님 때문에 본 무문관에 들어오고 싶어했던 다른 스님 한 명이 손해를 본 셈이다. 들어온 10명 스님들은 크게 성장할 것 같아 기대가 된다.

문을 닫으며

2013년 5월 23일 목요일
불기 2557년 음력 4. 14

• 아침 7시 45분경 – 모든 공직에서 물러나는 마지막 사인으로 학교법인 無一학원(참좋은이서중·고등학교) 이사장 사임서에 서명함.

• 아침 8시경 – 모든 법당을 참배함. 그리고 납골당에 계신 부모님께도 인사 올림.

• 아침 8시 20분경 – 방송, 언론사의 취재진과 함께 감포도량 무문관으로 출발함.

• 오전 10시 – 감포도량 사시불공에 참여함.

• 오전 11시 – 천일(3년) 청정결사에 참여한 11명의 스님들과 외호 대중 스님들의 소개 및 상견례를 주도함.

• 오전 12시 – 점심공양 및 산행에 모든 대중들이 동참함.

• 오후 2시 30분경 – 차담 후 무문관 각 방을 폐쇄함.

• 오후 3시 30분경 – 신도님들과의 이별 현장에서 다들 눈물지음. 3년 후에 만나기로 하고 본인 또한 입방함. 지금껏 3년 결제 준비에 애를 쓴 감포도량 주지가 밖에서 내 방문을 잠금.

• 오후 4시 30분경 – 포행 마당에 가지, 오이 등 채소류의 모종 심음. 그리고 미리 갖다놓은 짐 정리함.

- 저녁 6시 20분 – 배가 고파서 떡 서너 개를 집어 먹음.
- 저녁 8시경 – 붓글씨로 천일청정결사, 불퇴전 씀.
- 밤 10시 30분경 – 첫날, 무문관일기를 마무리함.

금일 천일3년 무문관 청정결사는 특별하다.

삼세의 시간과 시방의 공간이 한자리하였다. 결제를 하루 당겨서 하였는데, 크나큰 인연잔치가 되었다. 우담바라 꽃방에서 시작된 신심 단월의 행렬은 무문관 선방까지 이어졌다. 방송과 신문은 취재에 여념이 없었다.

나는 10명의 입방 스님들께 말했다.

"정말, 어떤 이유로든 3년 해제 전에 문을 나오겠다면 저한테 허락을 받으세요. 그러면 세 번까지는 제가 만류할 겁니다. '좀 더 참아 보라!'고. 하지만, 네 번째 또 어떤 이유를 대고 나가겠다면 저는 말할 겁니다. '차라리 좌복에 앉아서 죽으라!' 고.

각오들을 단단히 해야 합니다."

총동문회 가족들, 막내 이모님, 삼촌, 고향친구, 멀리서 가까이서 오신 신도님들, 상좌 스님들, 거룩한 영혼들, 애틋한 눈물들, 미래의 부처들…….

모두가 응원해준 첫날이었다.

나는, 울타리를 벗어나지 않는 닭을 보면서 어린 시절을 보냈다.

나는 어릴 때 시골집에서 아무리 누가 집적대도 알을 품고 부화시키는 닭의 인내심을 보고 자랐다. 그러한 의미를 두고 닭털로 된 붓 즉, 계호필鷄毫筆로 글씨를 썼다.

千日淸淨結社

不退轉, nonretrogression

그리고, 선방 벽에 붙였다.

[오늘하루 마음양식]

지극한 도는 어렵지 않네, 오직 간택함을 꺼릴 뿐!

至道無難　唯嫌揀擇

千日淸淨結社(천일청정결사)   不退轉(불퇴전), nonretrogression

문을 닫고, 2일차

2013년 5월 24일 금요일
불기 2557년 음력 4. 15

오늘의 일종식
연근을 넣어 지은 밥 한 공기, 미역국 한 대접, 두부전, 더덕전, 나물무침, 오이소박이,
소량의 재피잎 장아찌, 사과1개, 망고1개

천일 안거, 무문관 안으로 들어오는 첫 음식인데 밥의 양이 조금 많은 것 빼고는 모자란 듯 적당하게 잘 맞추었다. 밖에서 수발하는 모든 이들이 고맙다.

포행 마당 한구석에 쑥이 많이 자라서 뽑으려고 다가가니 뱀이란 놈이 꼬리를 보이며 줄행랑을 친다. 선방 근처에 서식하는 걸 보니 전혀 남이 아니란 생각이 든다.

[오늘하루 마음양식]
미워하고 애착하지 않으면 통연히 명백하리라.
但莫憎愛　洞然明白

문을 닫고, 3일차

2013년 5월 25일 토요일
불기 2557년 음력 4. 16

오늘의 일종식
노란밥 2/3 공기, 된장국, 미나리, 연근 튀김, 나물 무침, 생두부 반모, 사과, 바나나, 요구르트

포행 마당, 목책 사이에 해충을 막으려고 주위에 돌아가며 나프탈렌과 백반을 뿌렸다.

보급품 및 공양물이 정상적으로 잘 들어오고 있다. 후원에서 뒷바라지하는 대중들에게 새삼 고마움을 느낀다. 그래서 쪽지에 글을 써서 '수고 많다. 큰 공덕 짓고 있다'고 덕담하였다. 참으로 고맙다.

자리가 잡히는지 따분해진다. 화두 드는 사이 외로움이 찾아든다. 밤이 되자 더욱 갑갑함을 느끼며 갇힌 맹수처럼 포행 마당을 수도 없이 돌았다.

문을 닫고, 4일차

2013년 5월 26일 일요일
불기 2557년 음력 4. 17

오늘의 일종식
찰밥 잡곡, 감잣국, 피망, 가지, 연근, 두부, 두리안

몸이 많이 무거운 가운데, 오늘 하루 짬진 정진이 되었다.

저녁나절이 되자 여기저기서 울어대는 개구리의 함성소리가 대단하다. 비가 올 듯한 분위기이다.

포행 마당 가장자리를 둘러, 무문관에 들어 올 때 가지고 온 꽃씨를 뿌렸다. 땅이 척박하여 큰 기대는 하지 않지만 민들레, 쑥, 제비꽃, 질경이, 쓴냉이 등이 살고 있는 걸 보면 살 놈은 살 것이다.

한 생명이 살아나 커감에 있어서는 토양도 중요하지만 의지가 더 중요하다. 그것은, 인간의 경우는 말할 것도 없지만 모든 생명체가 다 마찬가지이다.

똑같은 상황 속에 저 뿌려진 씨앗들의 운명이 무문관 작은 포행 공간 속에서 그 의지를 시험당하고 있다. 접시꽃, 공작초, 코스모스, 수세미, 맨드라미, 과꽃, 패랭이꽃, 다알리아, 사루비아.

[오늘하루 마음양식]
털끝만큼이라도 차이가 있으면 하늘과 땅 사이로 벌어지니라.
毫釐有差　天地懸隔

문을 닫고, 5일차

2013년 5월 27일 월요일
불기 2557년 음력 4. 18

오늘의 일종식
잡곡밥, 두부 된장국, 상추, 쑥갓쌈, 콩볶음, 표고버섯, 연근, 과일 : 레몬, 바나나

오늘 하루도 거침없이 지나갔다.

갇힌 방안에서도 할 일이 많아 나름 시간 관리를 하느라고 애썼지만 내일 미룰 것도 생겼다.

인생살이가 다 그렇지만 특히 무문관 생활은 철저한 자기 관리를 하지 않으면 안 된다. 애써서 살았지만 후딱 하루가 지나간 날은 그런대로 보람 있었다고 할 수 있다.

참선과 사경명상, 조사어록 탐독 등 수행과목마다 재미있다. 잔잔한 기쁨의 기운이 내 방 가득 찼다. 마음은 지극히 평온하고 살맛이 난다. 망상은 쉬고 또렷또렷한 순간의식만이 살아있다. 시도하는 일들이 금세 성취된다.

늦은 오후부터 시詩처럼 다가선 비 냄새가 좋다. 기왓장 골 끝의 낙숫물 듣는 소리가 오랜만에 정취 있는 산중 밤을 만든다.

깊은 삼매의 침잠함이 법열의 베개를 무심결에 챙기려 한다.

참으로, 온전히 나의 세상이다.

[오늘하루 마음양식]

진리가 앞에 나타나길 바라거든 따름과 거스름을 두지 말라.

欲得現前　莫存順逆

문을 닫고, 6일차

2013년 5월 28일 화요일
불기 2557년 음력 4. 19

오늘의 일종식
콩밥, 수제비국, 검은콩조림, 무데침, 깻잎 튀김, 두부, 귤, 바나나

아주 오랜만에 독송한다. 금강경독송.

십수 년 전인가. 내가 직접 금강경 테이프를 만들었는데 그런대로 목소리가 힘있게 잘 되었다. 수만 개를 보급했을 테지만 이렇게 조용히 앉아 내 목소리를 들으면서 직접 염불을 따라해 보는 것은 처음이 아닌가 한다.

물론, 묵언지대라 실낱같은 이어폰 목소리 따라서, 정상적인 음성은 낼 수 없지만 입모양이라도 짓노라니 환희심이 난다.

대중기도나 남을 위한 기도 때는 금강경을 수도 없이 읽었으나 정작 나 자신의 수행을 위해서는 거의 읽어 본 적이 없다. 비록, 천일3년 무문관 청정결사의 숙제로서 금강경을 대하지만, 스스로의 마음공부에 큰 도움이 되는 느낌을 받는다. 한 번 독송 때마다 나를 따라 다니던 업장의 긴 그림자가 수억 만분의 일이라도 짧아지는 행운 있다면 그로써 만족하겠다. 지금의 행복감만으로도 금강경 독송은 참 좋다.

금강경은 가피의 경이며 영험의 경이다. 독경 삼매에 드노라니 금강신장이 나를 에워싸고 있다.

어긋남과 따름이 서로 다툼은 이는 마음의 병이 됨이니라.
違順相爭　是爲心病

문을 닫고, 7일차

2013년 5월 29일 수요일
불기 2557년 음력 4. 20

오늘의 일종식
잡곡밥, 두부국, 우엉, 연근, 비름나물, 버섯, 두리안, 오렌지

벌써, 입방한 지 7일째이다. 일생一生에 가장 빨리 지나간 시간인가 싶다. 세면하다 턱이 무거워 손바닥을 갖다 대었더니 무언가 한 움큼 잡힌다. 수염이 자라는 줄도 몰랐다. 일주일간 정지된 시간 속에 있었던가. 거울을 보니 덤성덤성 흰 올의 수염이 섰다. 이미 늙어가고 있다. 누가 볼 일 없지만 깔끔하게 면도하였다.

심기일전 한다는 기분으로 새로운 한 주를 맞이하려 한다.

문을 닫고, 8일차

2013년 5월 30일 목요일
불기 2557년 음력 4. 21

오늘의 일종식
잡곡밥, 시래깃국, 감자튀김, 나물채, 장아찌, 김, 흑토마토

내 키보다 훨씬 높이 달린 작은 창틀을 연다. 까치발이 모자라긴 목탁채로 밀어 젖히니 산비탈에 선 초록의 싸리나무 일렁거림이 성큼 내 눈에 안긴다. 아침 고요함이, 스치는 바람을 부추켜 행복하다 한다. 행복의 기운이 굳게 닫힌 무문관 안팎에 가득하다. 존재마다 시심 詩心이 흰칠하다.

저녁 좌선 중에 무릎이 시큰거린다.

[오늘하루 마음양식]
현묘한 뜻은 알지 못하고 공연히 생각만 고요히 하려 하도다.
不識玄旨 徒勞念靜

39

문을 닫고, 9일차

2013년 5월 31일 금요일
불기 2557년 음력 4. 22

오늘의 일종식
밥, 국, 물김치, 미나리 무침, 연근 튀김, 콩잎 장아찌, 토마토, 바나나

평화롭다.

그윽히 관觀한다. 5월의 끝자락에 서서 바쁘고 푸르렀던 지난 한 달을 관한다. 목책 안쪽 마당을 수도 없이 돌면서 내 몸을 관한다. 그리고 마음을 관한다. 그리고 땅과 햇볕을 관한다. 한 끼 공양 앞에서, 무문관 개원 이래 이번에 새로 바뀐 공양 발우를 또렷하게 관한다. 후원의 외호 대중의 정성을 관한다. 수저든 손의 느낌을 관한다. 입 안에 든 음식물을 관한다. 비워진 대여섯 개의 빈그릇을 관한다. 설거지하는 모습을 관한다. 문 가까이 다가와서 지저귀는 새소리를 관한다. 조용히 내려앉은 저녁 어둠을 관한다. 정관靜觀, 관의 법력法力이 세상을 장엄하고 있다.

지극히 평화롭다.

[오늘하루 마음양식]
둥글기가 큰 허공과 같아서 모자람도 없고 남음도 없도다.
圓同太虛 無欠無餘

문을 닫고, 10일차

2013년 6월 1일 토요일
불기 2557년 음력 4. 23

오늘의 일종식
좁쌀밥, 매운 감잣국, 깻잎무침, 고소, 버섯, 상추, 망고, 야채우유

앉아 있는 시간이 많다보니 허리에 무리가 온다.

젊은 시절, 토굴 생활할 때 나무 장작을 패면서 얻은 병이 끈질기게 따라 붙는다. 아침부터 허리가 뻐근하여 108배로 일과를 시작했더니 그런대로 몸 상태가 나아졌다. 병으로써 양약을 삼는다는 옛사람의 말이 맞다. 아무튼 절은 나의 수행생활의 필수과목이다.

밤, 잠들기 전에 신심信心이 나서 또 108배를 하였더니 체력이 좀 달린다. 깊은 수면을 취할 것 같다.

108배의 공덕과 과보가 종횡으로 심신心身에 사무친다.

[오늘하루 마음양식]
취하고 버림으로 말미암아 그 까닭에 여여하지 못하도다.
良由取捨 所以不如

42

문을 닫고, 11일차

2013년 6월 2일 일요일
불기 2557년 음력 4. 24

오늘의 일종식
좁쌀 연근밥, 비지든 김칫국, 머위 줄기 요리, 콩나물과 버섯, 곰취 장아찌, 사과, 귤

쪽문을 열면 바로 내다보이는, 포행 마당 정면 목책에 부처님 한 분을 모셨다. 이름은 무문불無門佛이다. 사경하는 붓으로 차상 덮는 흰 천에 긁적 그렸는데 제법 일품이다.

무문불!

갇힌 공간에서 나랑 3년을 함께 할 부처님이다. 마당 도는 포행 동안 무문불은 함께 돌아주신다. 좌복에 앉아 망상 피는 좁은 공간까지 눈길 들이밀고 살펴주신다.

첫날의 만남인데도 전혀 어색하지 않고 친근감이 있다.

무문관의 밤, 그리고 거미줄

문을 닫고, 12일차

2013년 6월 3일 월요일
불기 2557년 음력 4. 25

오늘의 일종식
잡곡밥, 호박된장국, 김튀김, 산나물무침, 검은콩, 고추, 사과, 망고 작은 것 1개씩

오후 네 시, 설거지를 하고 마시는 보이차, 차 맛이 참 맑다. 입안까지 깨끗하다.

무문관 울 밖, 하늘도 맑고 앞산에서 읊어대는 뻐꾸기, '뻐꾹뻐꾹'의 연음 소리가 바닥까지 맑다. 혼자 사는 삶이 걸림 없이 맑다.

마음이 지극히 고요하다. 본래로 청정한 6근六根의 기운이 마음의 고요에 닿는다.

[오늘하루 마음양식]

세간의 인연도 따라가지 말고 출세간의 법에도 머물지 말라.
莫逐有緣　勿住空忍

문을 닫고, 13일차

2013년 6월 4일 화요일
불기 2557년 음력 4. 26

오늘의 일종식
콩 위주의 잡곡밥, 알 수 없는 된장국, 연근, 미나리, 죽순, 인삼, 키위, 참외

　　손바닥 만한 뜰에 새 식구가 늘었다. 어린, 해바라기와 나팔꽃이다. 아침부터 이놈들을 맞이하느라 바빴다. 오는 길 지쳤는지 물을 주었는데도 축 늘어져 맥을 못 춘다. 한 번 삶의 터전을 옮긴다는 게 얼마나 힘든 일인가를 보여준다.

　　고등동물이라고 잔뜩 상을 내는 인간조차도 새로 이사해서 그 환경에 적응하려면 상당한 스트레스를 받는데, 혼자 걸어 다닐 수도 없는 식물이야 말을 못해서 그렇지 얼마나 더한 내적인 고충이 있지 않을까.

　　아무튼 오늘 새로 살러 온 두 놈은 여기서 버텨야 한다. 아니면 죽을 수밖에 없다. 이렇듯, 생명을 가진 자가 살아남아야 할 이유는 단순하다. 죽지 않기 위해서…. 아마 내일 아침이면 두 놈은 허리 꼿꼿하게 펴고 자기 존재를 과시할 것이다. 지금까지 이미, 내 작은 뜰에 들어온 많은 놈들이 하나같이 그래왔던 것처럼….

[오늘하루 마음양식]
한 가지를 바로 지니면 사라져 저절로 다하리라.
一種平懷　泯然自盡

문을 닫고, 14일차

2013년 6월 5일 수요일
불기 2557년 음력 4. 27

오늘의 일종식
노랑색깔 밥, 미역국, 무장아찌, 고춧잎 무침, 전, 떡, 바나나

이른 아침부터 불성佛性의 존재存在들이 난리법석이다. 뭇 새들이 합창이라도 하듯 여기저기서 가는 고함을 질러댄다.

방바닥, 개미들은 작은 발 아장거리며 부지런히 돌아다닌다. 쪽문에 걸쳐서 진을 친 거미란 놈은 공중에 매달려 묘기를 부린다. 세면장 벽면을 타던 귀뚜라미는 반쯤 옷 걸친 채 긴 더듬이를 레이더마냥 연신 움직여댄다.

온 천지에 자기 기운을 퍼붓는 태양의 생명력이 또한 대단하고 경이롭다. 나 또한 버거운 물뿌리개를 들고 살아서 할 수 있는 일을, 작은 텃밭에 쫙쫙 뿌린다.

아침을 이고 지고, 세상이 약동躍動하는 몸짓으로 가득 차 있다.

[오늘하루 마음양식]
움직임을 그쳐 그침으로 돌아가면, 그침은 다시 큰 움직임이 되느니라.
止動歸止 止更彌動

문을 닫고, 15 일차

2013년 6월 6일 목요일
불기 2557년 음력 4. 28

오늘의 일종식

잡곡밥, 콩나물국, 피망 든 두부요리, 이름 모를 나물줄기 버무림, 제피장아찌,
더덕, 사과, 바나나, 콩가루 한 봉지

나른한 오후 시간, 숲에서 놀던 새 한 마리가 쪽문을 통해 내 방
에 날아들었다. 머리와 목덜미엔 노랑, 하양 반쯤 섞인 줄무늬 스카프
두르고……. 똘망똘망하면서도 애잔한 눈빛, 까만 얼굴 흘러내린 갈색
의 몸매, 목소리 또한 이쁜 사춘기처럼….

앞서거니 뒷서거니 좁은 공간에서 서로 쫓아다니며 한참이나 놀
다가 내 손에 넣었다. 그리고는 다시 휠휠, 창공으로 날려 보냈다. 긴
시간 마주하며 눈도장 찍었으니 이 생生 사는 동안 안도할 것이다.

눈이 까칠거리고 충혈기가 돈다.

[오늘하루 마음양식]
오직 양변에 머물러 있으니 어찌 한 가지임을 알 것인가!
唯滯兩邊 寧知一種

문을 닫고, 16일차

2013년 6월 7일 금요일
불기 2557년 음력 4. 29

오늘의 일종식
밥, 국, 깻잎전, 고소, 은행, 딸기, 참외, 견과류

잡초 뽑기 참 좋은 날이다. 바람 없고 구름 잔뜩 끼었다. 발은 물론 손톱 밑까지 흙이 들어가서 씻을라치면 여간 성가신 일이 아니지만 텃밭의 잡초는 작심하고 뽑아내지 않으면 안 된다. 벼르고 별러 오늘 아침에서야 잡초제거의 실행에 나선 것이다.

무엇이 잡초인가?

주위 존재에 아무런 이익을 주지 못하면 잡초일 뿐이다. 보기라도 좋든지, 아님 향수라도 불러일으키면 그는 잡초가 아니다. 상추, 가지, 고추, 수박, 참외 사이에 간간히 나있는 질경이, 쑥, 달개비는 뽑아내지 않고 두었다. 잡초는 겉모양도 억세지만 뿌리 또한 깊고 잔발이 많다.

마치 우리의 망상을 닮았다.

뽑아내도 얼마 있지 않으면 또 고개를 쳐들고 일어나는 망상! 본마음의 에너지원이 될 자양분을 뺏어 먹는 망상이야 말로 텃밭의 잡초와 같다.

아침 호미질, 잡초 찍는 소리는 마음속으로 외우는 '관세음보살'의 장단곡이다.

한 가지에 통하지 못하면 양쪽 다 공덕을 잃으리라.
一種不通　兩處失功

잡초제거

있음을 버리면 있음에 빠지고, 공을 따르면 공을 등지느니라.
遺有沒有　從空背空

문을 닫고, 17일차

2013년 6월 8일 토요일
불기 2557년 음력 4. 30

오늘의 일종식
잡곡밥, 감자, 호박이 든 된장국, 오이, 연근, 토마토, 두리안

동 트기를 기다렸다, 포행 마당 몇 바퀴를 도는데 달팽이란 놈이 어딜 가려는지 젖은 몸 이끌고 새벽부터 나섰다. 보기엔, 나처럼 별 볼 일도 없으면서 그 잘난 더듬이로 이리저리 갈 길 재가며 혼자 바쁘다.

와우각상蝸牛角上이라!

세상이 좁다 하더니 완전히 막힌 공간에서 나 같은 놈을 이렇게 만나다니….

등어리에 지고 다니는 자기 집은 어디다 팽개치고 딴에는, 큰 결심한 듯 옷 한 벌 걸치지 않은 채 철저한 무소유로 길을 가고 있다. 울타리 판자에서 나온 듯, 자갈밭 지나서 질경이 잎을 넘어서서….

내 할 일을 하고 보니 이미 그는 떠나가고 없었다. 달팽이 뿔 같은 부귀공명富貴功名의 여운이 짧은 시간 스친다.

옷 몇 가지 세탁하였다.

문을 닫고, 18일차

2013년 6월 9일 일요일
불기 2557년 음력 5. 1

오늘의 일종식
녹두콩밥, 시래깃국, 가지전, 오이, 콩잎, 된장, 바나나, 딸기

방안 법당은 선원 앞 동해바다보다 너르고, 무설설無說說을 듣는 청법 대중은 그 수를 헤아리기조차 어렵다.

음력 5월 초하루! 쪽문을 열어놓고 108배로 맞는 무문관 사시불공은 평상시와 다름없이 천수경에서 시작하여 화엄경약찬게에서 끝났다. 내 키를 육박하는 모든 도량의 축원장은 온 우주 에너지를 받아 한 시간 동안 바쁘게 두 손을 옮겨 다녔다. 구구절절한 신도들의 바램은 속속 완성되어 갔다.

수행자로 세상에 존재하면서 대중과 교감하고 회향하려는, 애오라지 그 마음뿐이다.

내 야윈 성격에 더 이상의 잔상이나 화려함은 없다.

[오늘하루 마음양식]
말이 많고 생각이 많으면 더욱 더 상응치 못함이라.
多言多慮 轉不相應

문을 닫고, 19일차

2013년 6월 10일 월요일
불기 2557년 음력 5. 2

오늘의 일종식
좁쌀 잡곡밥, 미역국, 김치, 두부, 숙주나물, 은행, 오이, 사과, 바나나

어머님의 기제일忌祭日, 아버님의 생신. 음력 5월 2일은 어머님의 기제일이자 살아계실 때 아버님의 생신날이다.

생각해보면 두 분은 금실이 좋지 않으셨다. 하지만, 양친의 기념일이 겹치는 것을 보고 장남인 나는 오래전부터 인연법의 소중함을 자주 되새겼다. 참으로 피할 수 없는 인드라망의 세계가 아닌가하고.

새벽, 포행을 하다가 나무통베기에 걸터앉아 잠시 상념에 잠겨 있노라니 기와지붕 저 너머 산비탈 푸른빛으로 와 계시는 부모님의 기운을 느낄 수 있었다. 출가한 자식 때문에 마음고생도 많이 하신 부모님⋯⋯.

아침 아홉시, 여법하게 장삼을 수한 뒤 쪽방 문턱에 위패를 모셨다. 그리고 9배의 절 드렸다. 금강경 한편 묵독默讀으로 기제사를 정성껏 모셨다.

○○도량에서 매월 첫째 주 철야정진시간을 내어 주지 스님과 신도들이 편지를 써서 보내왔다.

　답장을 하지 못해 송구스럽다.

　무문관에 들어온 후 처음으로 신도님들과의 조우遭遇가 있었다.

　오후 세 시, 찰견대 법회. 우리는 서로 100미터가 넘는 거리를 두고, 온 눈빛과 온 몸짓으로 인사를 나누었다. 그리고 108염주 세 번 돌리는 관음정근을 하였다. 비록 멀리 떨어져 있었지만 낱낱의 얼굴을 알 수 있었다. 마음이 서로 통하고 있었기 때문이다.

　처음 만남, 6 ~ 7분의 짧은 만남, 그 설렘이 저녁 잠자리까지 길게 이어졌다.

[오늘하루 마음양식]

말이 끊어지고 생각이 끊어지면 통하지 않을 곳이 없느니라.
絶言絶慮　無處不通

문을 닫고, 20일차

2013년 6월 11일 화요일
불기 2557년 음력 5. 3

오늘의 일종식
콩밥, 된장국, 버섯, 감자전, 연근, 해초나물, 바나나, 토마토

빗방울, 알갱이를 셀 수 있을 만큼의 아주 가벼운 보슬비가 내리던 날, 우리는 만났다. 먼발치서 서로 애만 태우며 까치발 눈으로 상대 쪽만 쳐다보고 있었다. 큰 밭에 집단으로 서 있는 만주 벌판의 마른 옥수숫대처럼, 우리는 깡마른 채 꼼짝도 못했다.

'너무 미안하다'고 해야 하는데 그 말조차 잃었다. 어렵사리 만나, 전생 인연의 회포도 풀지 못한 채 운명처럼 헤어지고 말았는데 오늘 다시 이렇듯 해후邂逅하니 감회가 새롭다.

하- 이건 또 무슨 안타까운 일인가. 앞길은 철조망과 언덕으로 막혀있고 입은 벙어리가 되어버렸다. 다리가 있어도 다가가지 못하고 입이 있어도 말하지 못했다. 하지만, 우리는 별도의 기약이 있었다. 미안하다는 말 저 너머 영원하고 희망찬 '후일의 열반涅槃'! 그 '후일의 열반'에 대한 믿음으로 보슬비 맨 얼굴에 맞으며 우리는 마주 선 것이리라.

- 사랑스런 신입생 법우들의 MT! -

미안한 건 미안한 것이다. 내 수행 핑계대고 훌쩍 떠나온 것에 대해서……

근본으로 돌아가면 뜻을 얻고, 비춤을 따르면 종취를 잃게 되느니라.
歸根得旨　隨照失宗

무문불에 핀 우담바라

문을 닫고, 21일차

2013년 6월 12일 수요일
불기 2557년 음력 5. 4

오늘의 일종식
잡곡밥, 시래기 된장국, 우엉뿌리, 버섯튀김, 고추튀김, 두부전, 바나나, 망고

개똥쑥

리면 안 될 일이다.

요 며칠 속이 좋지 않았는데 오늘부로 완전 회복 된 것 같다. 갖고 다니던 삼릉침으로 손가락 피를 뽑고, 마당 구석 나있는 쑥을 다 뜯어먹었더니……. 이젠, 때 지난 음식은 아주 조심하고 있다. 차도 당시 다려 마시고는 몽땅 버려지게 된다.

심신동근心身同根, 마음과 몸이 한 뿌리인데 마음을 중히 여기다가 몸을 버

문을 닫고, 22일차

2013년 6월 13일 목요일
불기 2557년 음력 5. 5

오늘의 일종식
녹두밥, 감잣국, 고소, 죽순, 호박, 참외, 사과, 떡

가부좌하고 앉았는데 구수한 땀 냄새가 술술 난다. 초야에 묻혀 모든 걸 내려놓으니 묵은 옷에서 나는 땀 냄새조차 스스로 좋다. 가부좌하고 앉아 있을 만하다. 각근착지脚跟着地라 하였던가. 발뒤꿈치를 완전히 땅에 붙이고 사는 보람이 나타난다. 6경六境이 이제 시비의 대상이 아니다.

색色, 성聲, 향香, 미味, 촉觸, 법法을 더 이상 6적六賊이라 말할 이유가 없다.

[오늘하루 마음양식]
잠깐 사이에 돌이켜 비춰보면 앞의 공함보다 뛰어나니라.
須臾返照 勝脚前空

문을 닫고, 23일차

2013년 6월 14일 금요일
불기 2557년 음력 5. 6

오늘의 일종식
좁쌀 섞인 흰밥, 콩나물국, 연근, 오이, 두부, 토마토, 베리, 요구르트

파종시기를 기다렸는데 오늘 마침 잘 되었다. 비가 온다. 일전에 봉창으로 시자를 통해 들여온 과꽃, 맨드라미, 페튜니아의 씨앗들이 있었다. 맨드라미 씨앗을 보니 좁쌀보다 작다. 그런데 페튜니아 씨앗은 그보다 더 작다. 무슨 일인지 100알이 들어있다고 설명된 과꽃 봉지를 여니 씨앗이 다 어디로 갔는지 하나도 없다.

어쨌든, 밀집 모자에 투닥투닥 떨어지는 빗소리를 음악 삼아, 김매고 씨앗도 뿌렸다. 그리고 거름도 주었다. 시기를 맞추었으니 잘 발아할 것이다.

인간이나 식물이나 적시적기適時適期가 있음을 느낀다. 생명이 움터서 커가는 과정이 재미있다.

[오늘하루 마음양식]
앞의 공함이 전변함은 모두 망견 때문이니라.
前空轉變　皆由妄見

수박, 박 모종

나팔꽃 모종

질경이

더덕

문을 닫고, 24일차

2013년 6월 15일 토요일
불기 2557년 음력 5. 7

오늘의 일종식
잡곡밥, 두부된장국, 오이, 은행, 두부, 귤, 바나나

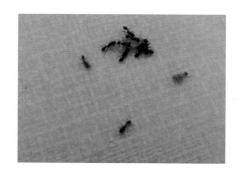

방에 잔 개미들이 활보한다. 순한 방주인 만나서 살판났다. 노마지지 老馬之智라는 말이 있듯이, 여기에서 살게 된 것 또한 개미의 지혜인지도 모른다.

덩치는 작은데도 돋보기로 들여다보면 입은 크고 이빨도 세다. 절하는 데까지 와서 발가락을 사정없이 물어뜯는다. 심지어는 잠자리까지 쳐들어와 목덜미를 거친 발길로 냅다 찬다. 발목 대님, 허리띠까지 한 옷 속을 어떻게 파고들었는지 좌선하고 있는 무릎까지 깨물어 댄다. 남의 머리끝에서 발끝까지 온통 자기네 세상이다.

'그래, 실컷 좋을 대로 해보라. 내가 너희들하고 싸울 처지는 못 된다……'

[오늘하루 마음양식]
참됨을 구하려 하지 말고 오직 망령된 견해만 쉴지니라.
不用求眞 唯須息見

문을 닫고, 25일차

2013년 6월 16일 일요일
불기 2557년 음력 5. 8

오늘의 일종식
보리잡곡밥, 된장국, 콩잎, 마, 은행, 감자, 복분자, 감귤

특별한 날이다. 1학년 야간반 방문! 20대의 버스가 오기로 되어 있다. 그런 줄 아는지 초여름 태양은 아침부터 열기를 뿜어댔다. 나 또한 무슨 용심用心인지 무문관 입방 이래 처음으로 침구류를 햇볕에 내 말렸다.

드디어 약속된 시간이다. 포행 마당 찰견대, 소위 임시 법상에 올라섰다. 100m 이상 거리…. 큰 밭 뜰은 입추의 여지 없이 신도들로 꽉 들이찼다. 넓은 화엄 동산이 완전하게 조성되어 있었다. 입고 있는 옷들이 곱다. 면면은 이미 불보살들의 상호를 하고 있다. 우리는 멀리서, 그저 손동작으로 모든 의사소통을 완성하였다. 말은 할 수도, 할 필요도 없었다. 하지만, 신경이 쓰이는지 조각 천으로 덕지덕지 기운 낡은 회색 적삼은 땀에 젖고 있었다. 그 먼 뭇 세월 전에 나와 도반이었을지도 모를, 천 명 대중의 소중한 인연들이 영산회상처럼 연대산 자락을 장엄하고 있다.

참으로 좋은 날이다.

오늘이 무슨 날은 날인지 오후 세시에는 우리절 부속법인의 구참 가족들이 먼거리를 두고 함께 하였다. 오래 오래 선연善緣으로 이어지고 있다. 행복은 뙤약볕 선방 마당에 오래 서 있었다.

[오늘하루 마음양식]

두 견해에 머물지 말고 삼가 좇아가 찾지 말라.

二見不住　愼莫追尋

빗길에 쓰러졌던 민들레가 해 뜨자 기운을 차리고 일어나 꽃을 피우다니, 대견하다.

문을 닫고, 26일차

2013년 6월 17일 월요일
불기 2557년 음력 5. 9

오늘의 일종식

팥잡곡밥, 방아잎 든 감자국, 오이장아찌, 승소 김 한 박스, 마, 두부, 체리, 수박

꽃폈다. 꽃!

늘상 잘 걷는 포행길에 핀 노란 꽃 외송이, 여느 잡풀인가 싶어 생각 없이 밟고 다녔는데 방금 꽃 보니 민들레이다.

지금, 가문 날까지 마른 돌자갈 밭에서 바짝 엎드린 채, 무심한 나의 발자국에 너덜너덜 찢긴 잎사귀부터 미안하다.

그래서 물 한 바가지 듬뿍 주었다.

무단히 배가 아파 매실 엑기스를 주문하여 물에 타 먹었더니 시나브로 낫는다. 다행이다.

[오늘하루 마음양식]

잠깐이라도 시비를 일으키면 어지러이 본마음을 잃으리라.
纔有是非 紛然失心

문을 닫고, 27일차

2013년 6월 18일 화요일
불기 2557년 음력 5. 10

오늘의 일종식
녹두 섞인 대나무죽밥, 국 대신 물김치, 미나리무침, 다시마, 가지, 매실장아찌, 복분자, 요구르트

어젯밤부터 쪽문 밖에 붙어 서서 얼쩡거리던 청개구리 한 마리가 궂은 날씨를 데리고 왔다. 큰 목소리 부엉이도 오늘따라 별스럽게 목청 돋운다. 좌복 위에 앉아 졸다가, 뛰쳐나가 수세미 나팔꽃 긴 줄 만들어 나무 울타리에 걸쳤다.

호미로 텃밭도 손보았다. 또한 벼르고 별러서, 울담에 여기저기 바짝 기댄 민들레 잎을 채취하여 방구석에 널었다. 차를 만들어 볼까 한다. 민들레차.

흰나비 날개짓이 사방 막힌 공간에서 바쁜데, 옆방 스님의 사시 불공 읊조리는 목소리가 은은히 들린다.

비가 올 듯 하니 세상일이 더욱 화평하다.

문을 닫고, 28일차

2013년 6월 19일 수요일
불기 2557년 음력 5. 11

오늘의 일종식
노란밥과 호박, 버섯된장국, 양배추, 버섯, 감자전, 두부, 방울토마토, 바나나

밤새도록 비 내렸다.

거칠게 마당 바닥 치는 빗소리 들으면서도 단잠을 이루었다. 평상시처럼 기침起寢하여 날이 밝기를 기다렸다가 댓돌 위의 젖은 슬리퍼 끌고 사각통 안, 포행 공간을 그냥 비 맞고 돌았다.

좀 이르다 싶은 차 서너 잔 마신 뒤 이젠, 갈무리해 둔 운동화 꺼내 신고 우산 받친 채 화두 챙기며 오랜 시간 마당 가장자리를 걸었다.

오랜만에 비맛이 좋다. 요즘의 일상사가 비맛 같다. 하루 내내 한 일이라곤 더 이상이 없다.

평상심平常心이 잘 유지되고 있다.

[오늘하루 마음양식]
둘은 하나로 말미암아 있음이니 하나마저도 지키지 말라.
二由一有 一亦莫守

문을 닫고, 29일차

2013년 6월 20일 목요일
불기 2557년 음력 5. 12

오늘의 일종식
완두콩밥, 미역국, 고소, 두부, 인삼 등, 사과, 감자, 두유

텃밭 한구석에 진을 친 방울토마토, 이 토마토의 꽃향기가 아주 유별나다. 밤꽃 향기보다 더 자극적이고 원초적이다. 풋풋함이 도를 넘어 역겨운 수준이다.

물을 줄 때도 진한 향기 뿜어대고, 거름을 줄 때도 진한 향기 뿜어대고, 잡초를 뽑아 줄 때도 진한 향기 뿜어대고, 버팀목과 버팀줄을 만들어 줄 때도 진한 향기 뿜어댄다. 점심나절, 순을 좀 잘라야겠기에 가만히 다가가니 아니나 다를까 여지없이 그 진한 향기를 확 뿜어댄다. 자주 냄새를 맡다보니 이제 적응이 돼서 싫지가 않다.

그런데 이 무슨 반색할 일인가!

넝쿨 잎을 헤집는데 사이사이에 오밀조밀하니 열매가 달렸다. 어릴 적 시골 아이들 벗은 고추처럼, 야무지게도 달렸다. 장하다. 정성에 순응하는 방울토마토의 보답이 고맙다.

인과因果의 아름다움을 만끽하고 있다.

[오늘하루 마음양식]
한 마음이 일어나지 않으면 만법에 허물이 없느니라.
一心不生 萬法無咎

고추

방울토마토꽃

수박꽃

피망

달개비

방울토마토

수세미

74

문을 닫고, 30일차

2013년 6월 21일 금요일
불기 2557년 음력 5. 13

오늘의 일종식
잡곡밥, 국 대신 김치, 두부가 뜬 찌개, 감자전, 콩잎, 김치, 토마토요리, 바나나, 망고

텃밭 야채들이 많이 컸다. 뜯어먹기 딱 맞다. 상추며 쑥갓, 피망이며 고추. 몇 그루씩 되진 않지만 나에겐 큰살림이다.

술 익자 체 장사 지나간다더니, 후원의 공양간에서 쌈장을 다른 음식과 같이 들여보냈다. 기이한 접점이다.

인연의 조화가, 늘 그러하듯이, 줄탁동시 啐啄同時의 묘미가 선방 구석구석, 서까래와 대들보의 만남처럼, 순간순간마다 소리 없이 전개되고 있다.

[오늘하루 마음양식]
허물이 없으면 대상도 없고, 나지 않으면 마음이랄 것도 없음이라.
無咎無法　不生心心

문을 닫고, 31일차

2013년 6월 22일 토요일
불기 2557년 음력 5. 14

오늘의 일종식
좁쌀잡곡밥, 콩나물밥, 이름 모를 장아찌, 감자전, 호박전, 바나나, 방울토마토

폐관수행 들어온 지 한 달이 지났다. 선반 위에 팽개쳐 둔 메모 수첩장에 우연히 눈길이 가서 들쳐보니 음력 4월 13일양력 5월 22일부터 흰 백지 상태 그대로 남아있다. 책만큼 두툼한 다이어리에 새해 벽두부터 깨알같이 적혀 가던 모든 공식 일정이 정지된 것이다. 잉크물이 완전히 말랐다.

그러면 무엇일까! 함포고복含哺鼓腹의 욕락欲樂은 아니지만 방하착放下著의 선열미禪悅味가 여기 삶의 주제이다. 첩첩산중보다 더 깊은 고립무원孤立無援의 섬에 앉았으니 복잡던 세상인심人心은 나몰라라, 오직 - 그윽히 나 자신만을 들여다볼 뿐이다.

[오늘하루 마음양식]
주관은 객관을 따라 소멸하고, 객관은 주관을 따라 잠기니라.
能隨境滅　境逐能沈

문을 닫고, 32일차

2013년 6월 23일 일요일
불기 2557년 음력 5. 15

오늘의 일종식
연근 든 잡곡밥, 버섯 든 미역국, 깻잎튀김, 들깻잎 버무림, 감자, 바나나, 토마토, 떡

전국 제일의 선방이라 해도 손색이 없는 무일선원 무문관이다. 그것은 무엇보다도 수행 분위기가 가위可謂 일품이기 때문이다. 관광 사찰이 아닐 뿐더러 선방이 대웅전과는 외진 곳에 떨어져 있어서 말 그대로 밤낮 주야로 고요하고 고요하기만하다.

그런데 이 평온한 선방에 대판 싸움이 벌어졌다. 하도 격렬하였기 때문에 말릴 수도 없는 상황이었다. 무슨 이유로 두 놈이 티격태격 하더니 발길질을 해댔다. 그리고는 거친 입을 놀려대더니 상대를 머리로 박고 이빨로 물어뜯기 시작하였다. 묵언기간이라 소리 없는 아우성 이었지만 혈투였다.

덩치가 달랐다. 작은 놈이 급기야, 자기보다 큰놈의 허벅다리를 다부지게 물고는 놔주지 않았다. 큰놈은 다리를 질질 끌고 어딘가 도망갈 곳을 찾았다. 물론 그 다리에는 작은 놈이 달려있었다. 큰놈은 싸울 의욕을 상실했는지 구석의 먼지투성이 속으로 뛰어들었다. 그리고는 가끔 돌아서서 방어적 공격을 하며 응수하였다. 작은 놈은 악바리처럼 달겨 들었다.

싸움은 쉽사리 끝나지 않았다. 깎아지른 듯한 절벽의 책모서리로 옮겨갔다. 그리고는 부둥켜안고 맨바닥에 나뒹굴었다.

그런데도 작은 놈은 큰놈의 다리를 끝까지 물고 사생결단의 의지를 보였다.

이 무슨 일이, 단 둘의 싸움이 갑자기 확대되었다. 옆에서 지켜보던 다른 놈들이 작은 놈의 행태가 미운지 한꺼번에 다가가서 큰놈 편을 들며 작은 놈을 발로 차며 머리로 박아댔다. 그리고 그 큰 입들로 마구 물었다. 집단 패싸움 같았지만 그것이 아니었다. 한 놈에 대한 총공격이었다. 드디어 작은 놈은 탈진하는 모습을 보이기 시작했다. 몸은 오그라들고 힘이 빠졌다. 그 정도 되면 물고 있는 상대방 다리를 놓아버려야 할텐데 그게 아니었다.

아, 그런데 싸움은 끝이 있었다. 큰놈이 다리를 툴툴 털고 일어나 걷는데 보니 작은 놈이 저만치 내동댕이쳐져 죽어 있었다. 그는 시신으로 혼자 점처럼 남았다. 모두가 다 떠나가고 선방은 다시 고자누룩해졌다.

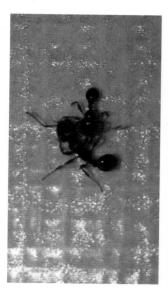

점심공양 후 차담시간에 일어난 대사건이었다. 근 1시간 동안 내 방을 무대로 벌어진 개미들의 살생극이었다. 비행기에서 사람 사는 동네를 내려다보면 마치 개미살이와 다를 바가 없는데, 개미들이 이렇게 제 죽을 줄 모르고 각축角逐하는 모습을 보니 잠시나마 인간으로서 인생살이의 비애를 느낀다.

독좌대웅봉獨坐大雄峯!

상대 없이 홀로 대웅봉에 앉는 사람이 진정한 승리자이다. 나는 이것을 원한다. 모든 수행자가 그럴 것이다.

[오늘하루 마음양식]

객관은 주관으로 말미암아 객관이요, 주관은 객관으로 말미암아 주관이니라.
境由能境　能由境能

꿀벌

문을 닫고, 33일차

2013년 6월 24일 월요일
불기 2557년 음력 5. 16

오늘의 일종식
까만콩 잡곡밥, 시래깃국, 콩나물, 고추, 무장아찌, 연근, 고춧잎버무림, 토마토, 바나나

　　사람 사는 곳은 어디나 소통의 수단이 있다. 모든 통제가 엄격한 무문관에서도 그러하다.

　　이곳 무문관의 유일한 소통수단은 쪽지이다. 어제, B동의 어느 스님에게서 쪽지가 나왔다면서 시자가 봉창으로 공양과 함께 넣어주었다. 내용은 이러했다.

　　귀의 삼보하옵고.

　　주지 스님, 법체 청안하십니까?

　　대중 외호하시느라 주지 스님 이하 대중 여러분의 노고가 매우 지극하십니다. 급히 폐관되는 바람에 드리지도 못하고, 너무 약소해서 부끄럽기도 하고 그렇습니다. 공양금 일백만 원입니다만, 두부 사시는 데라도 보탬이 되시면 어떨까 합니다. 외호하시는 공덕이 무량하시와 속 성불하십시오. 삼보전에 기원드립니다.

　　○○ 합장

　　내방에 까지 온 쪽지라 내가 주지는 아니지만, 나더러 답장을 써달라는 눈치를 채고 몇 줄 긁적거려 그 스님에게 전했다.

시자를 통해 봉창으로 나간 쪽지 전문이다.

歸依三寶귀의삼보하옵고

○○ 스님, 저희 大衆대중을 생각해주시니 감사드립니다.

내 주신 供養金공양금은 후원 살림에 보태 쓰겠습니다.

此後차후로는 신경 쓰시지 않으셔도 됩니다.

健康건강하시고 成佛성불하십시오.

南無觀世音菩薩나무관세음보살.

會主회주 無一무일 又學우학 合掌합장

[오늘하루 마음양식]

양단을 알고자 할진데 원래 하나의 공이니라.

欲知兩段 元是一空

보름달

문을 닫고, 34일차

2013년 6월 25일 화요일
불기 2557년 음력 5. 17

오늘의 일종식

좁쌀 흰 밥, 무국, 짜장, 단무지, 은행, 고소, 포도, 토마토

나팔소리에 잠깼다.

쪽문 열고 보니 짙은 보랏빛 나팔꽃이 하늘 향해 나발 불고 있다. 제 딴에는 첫 탄생의 함성이다. 비로소, 세상에 얼굴 내밀고 보니 그곳은 사방, 나무 울타리로 쳐진 무문관 좁은 뜰이었다. 나팔꽃은 그래서 더욱 힘을 내 전설 같은 자신을 말하고 싶은 게다.

뜰을 거닐다보니 뱃가죽이 접쳤다. 허기진다. 그래서 이슬 머금은 민들레로 맛있는 코, 눈 공양하였다. 한 몸에서 나 둘이 나란히 키재기 하듯 서 있는 한 쌍의 민들레꽃. 향기며 빛깔이 빈 속 공양거리로 딱 제격이다. 아침의 민들레, 스스로도 불이 不二이지만 저와 더불어 나 또한 이른 시간 좇아 둘이 아니다.

고조부님의 기제일 금강경 독송 기도함.

문을 닫고, 35일차

2013년 6월 26일 수요일
불기 2557년 음력 5. 18

오늘의 일종식
녹두 흰 밥, 감잣국, 가지, 까만 콩, 우엉, 두부, 토마토, 옥수수

아침, 서둘러 보릿짚 모자 쓰고 작은 박스 하나 챙겼다. 그리고 가위 들었다. 농작물을 수확하는 날이다. 상추가 작은 뜰 가득하다. 쑥갓도 제법 자기 역할을 하고 앉았다. 피망과 고추도 열매 달고 그럴듯한 폼을 잡고 있다. 반 시간 정도 몸 움직였는데 대여섯 명은 충분히 먹을 수 있는 채소가 거둬졌다. 박스 표면에 쪽지를 붙여 봉창으로 내보냈다.

'이 공양물은 밖에서 선방 뒷바라지에 고생하는 대중에게 특별히 올립니다.'

이건 진심이다. 태어나서 스스로 농사를 지어서 누구에게 줘보기는 처음인데, 무문관 수행을 전적으로 지원하고 있는 외호 가족들이 그 대상이니 참으로 의미 있는 일이 아닐 수 없다. 해맑은 인연들에게 직접 농사지은 첫 공양을 올릴 수 있어서 다행스럽고 감사하다.

이생에서 공덕을 지어 다음 생에 부처가 될 사람들, 일생보처보살一生補處菩薩들이여!

하나의 공은 양단과 같아서 삼라만상을 함께 다 포함하느니라.
一空同兩　齊含萬象

새 한 머리가 방에 들다

86

문을 닫고, 36일차

2013년 6월 27일 목요일
불기 2557년 음력 5. 19

평일 신도님들과의 만남은 지장재일 다음날이다. 어제가 18일 지장재일이었으므로 오늘 한 팀이 오게 되어 있는데, 멀리서 팻말을 보니 ○○도량 신도님들이다. 반갑다.

우리 모두는 지금 자기가 쓰고 있는 사경집을 들어 보이며 100m 밖에서 아이eye 미팅을 하였다.

거룩한 만남이다. 특히 내게 있어서 오늘은 더욱 의미 있는 날이다. 사경명상 숙제, 21권 쓰기 중에 그 첫 권을 드디어 완성했기 때문이다. 2시 50분에 마침 완성한 금강경 한문 사경집을 들고, 3시 정각에 신도님들을 마주하는 사다리에 오르니 감개무량할 따름이다.

불퇴전不退轉. 절대 물러섬이 없이, 사경명상과 더불어 천일 무문관 청정수행을 해 마칠 것이다.

오늘 ○○도량 신도님들을 만나니 더욱 그러한 결심이 선다.

문을 닫고, 37일차

2013년 6월 28일 금요일
불기 2557년 음력 5. 20

오늘의 일종식
팥 섞인 밥, 두부 된장국, 연근, 들깻잎, 더덕, 재피, 김치, 망고, 바나나

혼자 사는 방에 먼지가 많다. 말 그대로 먼지투성이이다. 먼지 날 일이 없는데도 수북수북 쌓인다. 먼지 날 건덕지라고는 옷가지 몇 개, 좌복, 이부자리, 사경집……

먼지들이 작은 솜처럼 엉켜서 미세한 바람에도 풀풀 날듯이 서로 안고 뒹군다. 가끔씩 빗자루로 방 부분 부분 쓸기는 하나 먼지의 오기에는 감당이 안 된다. 우리가 수행 중에도 무단히 번뇌가 일어나는 것과 비슷하다고나 할까.

아무튼 먼지 때문에 눈 건강도 좋지 않은 것 같아서 공양 뒤 오후 시간에는 아주 작정하고 대청소를 실시하였다. 비로 쓸고 몇 번이나 걸레질을 하였다.

그런데 한 지점, 개미 거처는 건드리지 않았다. 사용하지 않는 닫힌 문 사이를 개미들이 하도 들락날락 하면서 먹이를 찾길래 그곳에 작은 주사위만한 정육면체 치즈를 세 통 놓아두었는데 지금 보니 벌써 두 통을 다 까먹고 한 통만 조금 남았다.

개미들은 잠이 없다. 잠도 자지 않고 분주히 그곳을 왕래하더니 살이 다 쪘다. 껍질까지 부수어 먹는 것을 보면 식성 하나는 대단하다. 먹고 살기 위해서 안간힘을 쓰는 모습에 연민의 정이 일어나 선처하고 있는데, 이놈들이 가끔씩은 영역을 벗어나 방 중앙까지 들어와서는 방 주인의 바짓가랑이를 물어뜯는, 체면 없는 짓을 할 때가 있다.

어쨌든, 청소는 깔끔히 끝났고 개미들에게 치즈 두 통의 식량보급이 추가로 이루어졌다.

[오늘하루 마음양식]
세밀하고 거침을 보지 못하거니 어찌 치우침이 있겠는가!
不見精麤 寧有偏黨

귀뚜라미 허물벗기

무문관의 생명들

무문관의 생명들

91

반딧불이

무문관의 생명들

문을 닫고, 38일차

2013년 6월 29일 토요일
불기 2557년 음력 5. 21

오늘의 일종식
팥 잡곡밥, 버섯국, 고소, 죽순, 호박, 바나나, 토마토주스

이미 정 깊어진 포행 공간, 작은 뜰은 무상無常의 동산이다.

무릎 아래 있던 토마토 줄기 선두가 금세 내 키를 훌쩍 넘더니 노란 꽃 열매 달고 나를 내려다보고 섰다. 무상하다.

고 여리고 예쁜 나팔꽃은 하루 피었다, 바로 그 뒷날 새벽부터 땅바닥에 패대기쳐져 내 눈에 밟힌다. 무상하다.

잘 보이지도 않던 질경이 꽃대가 언제 머리를 내밀더니 대롱대롱 꽃가루 달고 두어 뼘이나 쑥쑥 키 자랐다. 무상하다.

홀씨보다 더 짧은 운명인가, 피었다 가는 샛노랑 민들레꽃이, 단 이틀 화려하다가 스스로 쪼그라든다. 무상하다.

삐죽삐죽 들고 일어서는 망상처럼, 나의 머리카락 – 무명초無明草가 손가락 사이를 삐져나올 만큼 밤송이처럼 자랐다. 참 무상하다.

아무튼, 무상이 신속하기만 하다. 모든 것이 찰나지간이다. 무상의 동산에서 무상의 주인공들이 무상으로 머물고 있다.

[오늘하루 마음양식]
대도는 본체가 넓어서 쉬움도 없고 어려움도 없느니라.
大道體寬　無易無難

문을 닫고, 39일차

2013년 6월 30일 일요일
불기 2557년 음력 5. 22

오늘의 일종식
냉콩국수, 밥 조금, 브로콜리, 콩잎, 밀감, 토마토

청천백일靑天白日, 푸른 하늘에 작열하는 태양. 선문禪門에서, 거짓이 없는 본래 자기를 나타내는 말이다.

오늘이 그런 날인지, 마당 몇 바퀴 돌고 와서 아무런 가식 없이 옷 걸치지 않고 맨 몸으로 앉았는데, 굵은 땀이 사대四大를 타고 막힘 없이 줄줄 흐른다.

일종식 사시공양에 마침 콩국수가 들어왔으니 그 어떤 산해진미 山海珍味가 이보다 더 좋을 수 있을까. 별미 중의 별미로다.

참으로 청천백일의 혜택이 선방 깊숙이 들었다.

[오늘하루 마음양식]
좁은 견해로 여우같은 의심을 내어 서두를수록 더디어지도다.
小見狐疑　轉急轉遲

1호해바라기

3호해바라기

2호해바라기

3호해바라기

4호 장애해바라기

2호해바라기

1호해바라기

4호해바라기

1호해바라기

문을 닫고, 40일차

2013년 7월 1일 월요일
불기 2557년 음력 5. 23

오늘의 일종식
연근, 좁쌀 섞인 밥, 된장국, 오이장아찌, 우엉, 감자전, 바나나, 체리

사람의 마음이 본래는 깨끗하다고 하는데……. 걸치고 있는 옷 또한 마찬가지로 처음은 깨끗하다. 그렇지만, 얇은 옷감을 기준으로 보아서 보름 정도 입으면 더러워진다.

젊은 시절 대중 선방을 다닐 때, 음력 보름과 그믐날에만 삭발을 겸해서 세탁도 했었는데, 아마 그것은 숱한 세월 동안 경험에서 비롯된 관습법이 아닌가 싶다.

보름 정도 입던 옷이 있어서 오랜만에 용을 썼더니 손목이 시큰거리고 아프다. 고작 십여 일 찌들은 천조각도 빨기가 이렇게 힘이 드는데 수 억겁 찌든 이 마음의 때는 얼마나 더 방망이질하고 치대며 헹구어 내야 하겠는가, 잠시 그런 생각이 든다.

어쩜, 절이며 선방을 세심원洗心院, '마음 씻는 집'이라 해도 될 것 같다.

[오늘하루 마음양식]
집착하면 법도를 잃음이니 반드시 삿된 길로 들어가리라.
執之失度 必入邪路

문을 닫고, 41일차

2013년 7월 2일 화요일
불기 2557년 음력 5. 24

오늘의 일종식
잡곡밥, 콩나물밥, 오이무침, 죽순, 감자, 밀감, 키위, 초콜릿

　아침나절, 마당 안으로 무엇이 '툭' 하며 떨어지는 소리가 났다. 쪽지로 기별奇別을 해보니 감포도량 주지가 3m나 되는 울담을 넘겨 퇴비 한 포대를 던져 넣어 준 것이다. 힘이 장사다.

　퇴비를 뿌리려고 텃밭을 눈여겨보니 잡초들이 그새 얼마나 자랐는지 세력이 만만치 않다. 가끔씩 주는 퇴비를 잡초들이 자기 것인 양마구 뺏어먹고 주인처럼 행세하고 있다.

　같은 물이라도, 젖소가 먹으면 젖을 이루고 독사가 먹으면 독을 이룬다는 옛말이 있듯이 퇴비도 채소가 먹으면 유용지물有用之物의 채소가 되고, 잡초가 먹으면 무용지물無用之物의 잡초가 된다. 우리의 정신세계도 또한 그와 같아서, 똑같은 공空의 에너지도 망상이 먹으면 중생노름을 하고, 각성覺性이 먹으면 불보살佛菩薩 행을 한다.

　문득, 불매인과不昧因果라는 말이 스친다. 너무도 분명한, 이러한 인因과 과果의 관계에 어둡지 않아야 할텐데…….

문을 닫고, 42일차

2013년 7월 3일 수요일
불기 2557년 음력 5. 25

오늘의 일종식
완두콩 섞인 밥, 비지찌개, 버섯, 까만 콩, 야채버무림, 방울토마토, 바나나, 떡

　　날이 희붐할 쯤, 연대산을 뿌리 채 뒤흔드는 여러 차례의 뇌성벽력이 있었다. 우산을 받쳐 들고 뜰에 나갔더니 나팔꽃 한 송이가 피어 있었다. 나무 울에 기댄 채, 잎사귀로 몸 반쯤 가리고 초여름 비와 교제하고 있었다. 화사한 얼굴이 온통 비에 젖었다. 마음공부에 무슨 좋은 일이라도 생길 예감이 든다. 아니나 다를까, 공양시간에 선지식이 찾아 왔다.

　　선지식!
　　옛 이야기에, 어떤 객승이 원오극근圜悟克勤 스님에게 묻기를,

"선지식이란 어떤 사람입니까?" 하였더니

"적심편편赤心片片."이라고 대답하였다. 여기서 적심편편이란 '자비심이 넘침'을 말한다. 오늘 공양과 함께 봉창으로 들어온 선지식의 흔적이다.

　　'선방 스님들예, 요즘 소음이 많이 납니다. 동네 주민이 산 짐승들로 인한 농작물 피해가 많아서 밤중에 폭죽을 쏘고 있습니다. 그리고 아래 다세대 주택 공사장에서 포크레인 소리도 많이 납니다. 정진하심에 방해 될 것 같아 몸 둘 바를 모르겠습니다.
　　관세음보살.'

　아~ 이보다 더한, 겸손 갖춘 자비심이 있을까. 참으로 기특하고 기특하다. 이 쪽지글이야말로 무일선원의 후원대중이 훌륭한 선지식임을 드러내는 증표이다.

　아마 선방 안에서 정진하고 있는 수좌 스님들 모두가 다 나와 같은 느낌을 받았을 것이다.

문을 닫고, 43일차

2013년 7월 4일 목요일
불기 2557년 음력 5. 26

오늘의 일종식
잡곡밥, 두부, 호박 든 된장국, 양배추. 고추, 고구마, 콩 가공, 토마토, 망고

혼자 사는 공간에 매일처럼 일이 있다. 싫지가 않고 그저 즐겁다. 나는 출가 전에 농사꾼은 아니었지만, 농사꾼의 자식이라는 숙명적인 인연으로 뭘 가꾸고 수확하는 게 재미가 난다.

아침부터 서둘러 양배추 파종을 하였다. 봉투에 100립粒이라고 쓰여 있어서 입구를 열고 대충 세어보니 70립 정도 된다.

나무 꼬챙이 하나를 주워서 텃밭 빈 공간마다 적당한 간격으로 구멍을 내고 씨를 넣었다. 마침 엊그제 제초작업을 한 덕에 일이 수월하다.

텃밭이라 해야 콧구멍만해서 다 점종點種하지 못하고 울밑에까지 영역을 넓혔다. 자갈밭에도, 강아지풀 사이에도, 쑥대 근처에도……. 심지어는 처마 아래 낙숫물 듣는 댓돌 바짝 붙여서도 점종했다.

큰 결과를 바라기보다 에멜무지로 하는 것이지만 모든 생명체가 다 인연국토가 있을 법, 될 놈은 분명히 머리 내밀고 나올 것이다.

어쨌든, 등어리 다 젖도록 쪼그리고 앉아 정성을 들였더니 허리가 뻐근하다.

요즘은 일일부작 일일불식一日不作 一日不食, '하루 일하지 않으면 하루 먹지 말라'는 백장 스님의 문하에 들어 제대로 정진 중이다.

[오늘하루 마음양식]

놓아버리면 자연히 본래로 되어 본체는 가거나 머무름이 없도다.

放之自然　體無去住

문을 닫고, 44일차

2013년 7월 5일 금요일
불기 2557년 음력 5. 27

오늘의 일종식
잡곡밥, 버섯국, 브로콜리, 마, 나물무침, 토마토, 포도

밤새 비가 와서 땅 물러지니 피망이 두 그루나 굵은 열매 달고 쓰러졌다. 이미 늙마에 있는 상추는 빗물 무게를 이기지 못하여 이리저리 자빠져있다.

피망은 열매를 딴 뒤 뿌리 부분을 잘 밟아 주었다. 그리고 상추 또한 잎을 많이 떼 낸 뒤 어깨 툭툭 치며 일어서라고 용기 주었다.

젖은 신발 들여놓고 배 출출하여 어제 들어온 떡을 아침 공양 삼아 먹는다. 방금 뜯은 상추 여남은 잎과 피망 두 개가 떡 반찬이다. 그런대로 먹을 만하다.

안빈낙도安貧樂道라고 했던 것처럼 등 뒤의 간섭과 질시, 눈앞의 체면과 성과를 멀리하고 마음 편안하게 그저 도를 즐길만하다.

도를 즐김에는 먹는 것은 문제가 안 된다. 오히려, 상추 대궁이의 하얀 진물마저 달고 달다.

[오늘하루 마음양식]
자성에 맡기면 도에 합하여 소요하여 번뇌가 끊어지리라.
任性合道 逍遙絶惱

문을 닫고, 45일차

2013년 7월 6일 토요일
불기 2557년 음력 5. 28

오늘의 일종식
국수, 김밥, 단무지, 나물무침, 사과, 토마토

어제 해그름에, 선방 뒤 산에서는 한판 난리가 났다.

굳은 날 걷히자 매미들이 한꺼번에 '맴맴맴…' 하고 땡고함을 질러댔다. 올 들어 처음 듣는 매미소리인데 어떻게 동시에 나타났을까.

땅거미 밀려들자 선방 앞 논에서는 '개굴개굴개굴…' 하는 개구리들의 합창소리가 장난이 아니다. 밤중이 되자 노루 쫓는 농민들의 공포탄 소리가 오늘 따라 유별나게 더 크다.

그런데, 언제 내 방에 들었는지 모기 한 마리가 새벽녘까지 계속 공격 사이렌 소리를 내면서 내 주위를 맴돈다. 나는 이 소리 저 소리에 상관하지 않으려고 화두를 더욱 다부지게 챙겼다. 잠은 아예 포기했다. 도고마성道高魔盛, 공부가 되려면 마구니가 치성하다더니…. 아무튼, 밤새 공부 잘했다.

곰곰이 생각해보면, 이번에 이렇게 거창한 3년 무문관 용맹정진을 결심한 것도 사실은, 많은 마구니들이 분위기를 만들어 주었다. 그 마구니들은 별도의 씨가 없었다. 남녀男女의 한계를 짓지 않았다. 그리고 승속僧俗의 분간도 없었다. 국내國內, 해외海外를 가리지도 않았다. 부처님께서 이에 경고하신 탐貪·진瞋·치痴라는 세 가지 맹독三毒에 마비된 자들이었다.

그런데 지금 생각해보면 그들은 역행逆行 보살들이었다.

지난밤, 새벽녘까지 잠 못 이루게 한 온갖 것들이 결국은 마음공부를 도왔던 것처럼 그들 역행보살 때문에 내가 재발심을 하게 되었으니 이 역시 감사할 일이로다.

나의 복력福力과 수행력修行力이 부족함을 깨닫게 해준 역행보살들은 이쯤 역할로 만족하고 이제는 바른 정신으로 돌아가서 올곧게 자기 세상 살아가기를 기도한다.

어쨌든, 어젯밤 정진을 잘했다는 건지 공양간에서는 오늘 점심시간에 맛있는 국수를 보냈다. 혹시 양이 부족할까봐 김밥도 좀 곁들였다. 후원 가족에게도 감사하고 감사한다.

[오늘하루 마음양식]
생각에 얽매이면 참됨에 어긋나서 혼침함이 좋지 않느니라.
繫念乖眞 昏沈不好

문을 닫고, 46일차

2013년 7월 7일 일요일
불기 2557년 음력 5. 29

오늘의 일종식
보리 섞인 밥, 버섯된장국, 가지, 연근, 브로콜리, 무문동산의 각종 야채들, 복숭아, 살구

비가 오는 날이면 각 방마다 공양물을 갖다 나르는 것도 예삿일이 아닐 것이다.

오늘, 공양통 플라스틱 커버에는 빗물이 잔뜩 묻어있었다. 세상의 모든 이치가 그렇지만, 수행자 한 사람 밑에 드는 공력功力이 얼마나 큰지 선방을 운영해 보지 않은 사람은 가늠하기 힘들 것이다. 많은 사람들의 물질적, 금전적 후원과 더불어 절 안의 전 대중이 여기에 매달려야 하기 때문이다.

특히 이렇게 일기가 고르지 못할 때는 앉아서 밥 받아먹기가 여간 미안한 일이 아니다. 스님들이 공양 때 늘 외우는 오관게五觀偈에 나오는 말씀이다.

계공다소 량피래처計功多少 量彼來處
이 음식이 어디서 왔는고,

촌기덕행 전결응공忖己德行 全缺應供
내 덕행으로 받기가 부끄럽네.

106

과거의 일이다. 약 10년 전쯤에 본인이 백담사 선방인 무문관에서 정진할 때 몇 차례 공양시간이 지켜지질 않았다.

설악산雪嶽山의 그 눈 설雪 자가 말해주듯 백담사는 겨울에 눈이 많은 곳이다. 눈이 오기 시작하면 왕방울만한 눈이 몇 날 며칠이고 아주 질펀하게 내린다. 그 눈길을 뚫고 공양을 나르는 일이 쉬울 리가 없다. 당시, 본 선방과 공양간은 700～800m 정도 떨어져 있었는데 그 수발을 이제 막 계를 받은 기본 선원 스님들이 하였다. 그 초심자 스님들의 자원에 의해서 먼 거리를 지게를 지고 공양물을 운반하였는데, 눈이 많이 오는 날은 눈길을 치우면서 와야 하니 선방 스님들을 공양하는 공덕이 크다고 해서 신심은 내었겠지만, 당시 맞닥뜨린 그 육체적 고통은 얼마나 컸겠는가를 생각하다, 제대로 정진하지 않는 수행자의 빚이 무엇일까를 깊이 통찰할 때가 한두 번이 아니었다.

금일, 젖은 공양통을 보니 벌써 옛일이 되어버린 그때가 생각난다.

큰절 '○○○후원회'와의 먼거리 아이 미팅이 있었다. 우리절은 여러 후원단체가 있다. 이러한 대보살들이 있음으로 세상은 좀 더 편안하고 살만하다.

오후 1시의 행사였는데 운 좋게도 비를 피했다. 잠자리 떼가 온 선방 위를 선회하는 기이한 날이다.

[오늘하루 마음양식]
좋지 않으면 신기를 괴롭히거늘 어찌 성기고 친함을 쓸 것인가!
不好勞神 何用疎親

문을 닫고, 47일차

2013년 7월 8일 월요일
불기 2557년 음력 6. 1

오늘의 일종식
콩찰밥, 미역국, 더덕, 호박, 버섯, 참외, 방울토마토, 떡, 요구르트

일기일회一期一會, 한 평생에 딱 한 번 만난다는 사실은 무상無常한 우리네 인생살이를 더욱 알차고 보람되게 만든다. 면밀히 들여다보면 지금 접촉하고 있는 세상 모든 것은 일기일회이다. 그래서 만남 자체가 신성하고 값지지 않을 수가 없다.

음력 6월, 첫날과의 만남도 그러하였다. 밤새 비 갠 뒤 무문관의 하루가 작정한 듯 뜨겁게 열렸다. 사시巳時에 이루어진 불공 때의 108배 몸짓으로 좌복은 뚝뚝 떨어진 땀방울로 얼룩졌다.

딱 한 번의 기회 아닌가!

작은 텃밭에서 방울토마토가 하필이면 오늘 잘 익어 그 첫물을 부처님 전에 공양 올릴 수가 있었다. 예쁜 액자로 모셔진, 내 작은 공간의 세 분 부처님께서 아주 흡족하셨는지 퇴공 후에 내려 먹는 방울토마토의 맛은 참으로 그저 그만이었다.

난, 간절히 염원하였다. 우리 신도님들의 축원장마다 쓰인 알알이 소원들이 하나같이 성취되어, 오늘 부처님 전에 올려진 신선한 첫물 과실果實 마냥, 좋은 날에 좋은 결과를 웃으면서 부처님 전에 꼭 헌공할 수 있기를…. 이 순간, 나에게 주어진 축원의 시간 또한 일기일회이므로 삼매에 들어 온 정성 다한다.

일승으로 나아가고자 하거든 육진을 미워하지 말라
欲趣一乘 勿惡六塵

무문관의 불단

문을 닫고, 48일차

2013년 7월 9일 화요일
불기 2557년 음력 6. 2

오늘의 일종식
잡곡밥, 냉채국, 물김치, 해식물무침, 감자볶음, 콩잎, 토마토, 사과, 옥수수, 요구르트

지난주 토요일, 봉창으로 들어온 예비 주보를 보자니 백중 입재일에 은사 스님께서 오셔서 법문해 주시기로 되어 있었다. 불철주야 애쓰는 큰절의 대중 스님이 통도사까지 가서 말씀드린 것 같다.

금일이 백중 입재일이다.

아침에 예불을 드리고 일체인연 영가의 왕생극락을 발원하면서 합동 위패 한 장을 붙여놓고 금강경 한 편 독송하였다. 그리고 법문 시간에 맞춰 은사이신 성性 자 파坡 자 큰스님을 마음 중심에 모셨다. 그리고 잠시 과거를 회상했다.

20대 젊은 시절 공부 중일 때 방학기간 잠시 서운암에 가서 살았다. 당시 서운암은 살림이 매우 궁핍하여 찬거리 살 돈이 없었다. 통도사 주지 직을 그만 두신 지 얼마 되지 않았음을 감안한다면 은사 스님의 청렴도가 어느 정도인지 가늠하고도 남았다.

어쨌든, 은사 스님을 모시는 상좌의 입장에서는 끼 때 마다 반찬이 걱정이었다. 어느 날은 산비탈에라도 혹시 먹을거리가 있나 살피다가 풀숲에 숨겨진 큰 이파리 씀바귀를 발견하고 쾌재를 부른 적이 있었다. 그 씀바귀 덕분에 하루 공양을 그런대로 준비할 수가 있었다.

 이후, 세월이 많이 흘러서도 길가의 씀바귀만 보면 그때 일이 불현듯 생각난다. 그리고 뜯어다가 먹기를 좋아한다. 지금 살고 있는 무문관 울밑에 운 좋게도 씀바귀가 많다. 그래서 옛일을 생각하며 가끔 뜯어다 먹는다. 다른 풀들은 다 뽑아내면서도 씀바귀만큼은 오히려 키우고 있는 셈이다. 오늘도 대구 큰절에 오신 은사 스님을 생각하며, 이미 때 지나 쓰디 쓴 맛이 나는 늙은 씀바귀지만 여럿 잎 뜯어다가 상추랑 함께 쌈 싸먹었다.

그런데 늦은 오후, 은사 스님께서 이곳 선방을 찾아 오셨다. 시자로부터 쪽지를 받고 황급히 양말 신고 새 옷으로 갈아입었다.

봉창문 열리자, 용안 보이시고 나에게 손을 내미셨다. 손 잡힌 채 봉창 좁은 입구에 이마를 갖다 대고 스승님께 존경과 감사의 인사를 올렸다. 은사 스님은 곧장 돌아나가시어 육각정 2층에서 손 흔들어 보이셨다. 찰견대察見臺 위에서나마 선 채로 간절히 삼배 올렸다.

오래 오래 강녕하시길….

시간에 묻힐 때까지 간절한 마음이 가시지 않았다.

문을 닫고, 49일차

2013년 7월 10일 수요일
불기 2557년 음력 6. 3

오늘의 일종식
잡곡밥, 버섯, 두부, 김치찌개, 까만콩, 버섯, 나물무침, 복숭아, 포도

여름날의 태양은 부지런하다. 새벽 4시면 스스로 날을 열고는 온 세상을 뜨겁게 달굴 요량으로 여기저기 온통 바쁘게 뛰어다닌다.

나보다 오지랖이 넓은 태양, 그 태양이 오는 길목을 보려고 찰견대察見臺에 올라섰다. 모양은 사다리이지만 그 역할이 살펴보는 것이기 때문에 그렇게 이름 붙였다.

살펴보는 무개無蓋 누각, 찰견대.

나는 그곳에 가끔씩 올라서서 무문관 3개동, 18개방을 두루 살핀다. 공양이 들어오는 선방의 뒤쪽은 늘 시자가 다니고, 여러 대의 CCTV가 있어서 감시를 하지만 넓은 부분을 차지하는 선방의 앞쪽, 즉 피죽으로 칸막이가 되어 있는 포행장은 오히려 사각지대이다. 그래서 비상시를 대비해서라도 찰견대가 필요한 것이다. 요즘은, 한 달에 한 번 정도 찾아오시는 신도님들을 멀찌감치에서 나마 뵐 수 있는 곳으로 잘 활용하고 있다.

아무튼, 이른 아침과 한밤중에 찰견대에서 내려다보는 선방 분위기는 그대로 하나의 예술 작품이다. 오늘도 그러하였다. 정진의 몸짓에서 배어나오는 각 방의 은은한 불빛들을 보면 나부터 신심이 일어난다. 8년 전 무문관을 세운 보람이 점점 선명하게 드러나고 있다.

사바세계의 맑은 아침이 천일 청정결사도량 무일선원에서 시작된다. 이 얼마나 뜨거운 여름날의 시원한 소식인가!

화중청량火中淸凉이여.

[오늘하루 마음양식]

육진을 미워하지 않으면 도리어 정각과 동일함이라.
六塵不惡 還同正覺

문을 닫고, 50일차

2013년 7월 11일 목요일
불기 2557년 음력 6. 4

오늘의 일종식
백반, 버섯 두부 된장찌개, 브로콜리, 우엉, 버섯, 망고, 방울토마토, 바나나

차복茶福이 터졌다. 여러 곳에서 차 공양이 들어왔다. 밖에서 말없이 수고하는 오행자가 내 생전에 듣도 보도 못한 루이보스티를 선물했다. 일전에는 귀하디 귀한 주목소재 108염주를 넣어주었는데 잘 쓰고 있다. 고마울 따름이다.

오후에는 해외 ○○도량의 주지 스님과 신도님들께서 아주 고급의 보이차 숙병熟餅과 보이차 고수산차古樹散茶를 보내왔다. 1년은 거뜬히 먹을 수 있는 양의 차로 대중 스님들께 골고루 공양하였다. ○○도량에 큰 공덕 가피 있기를….

하루 내내 시간 간격을 두고 모든 차를 시음하였는데 차 맛들이 다 독특하고 깊이가 있다. 차는 겉모양으로는 그 진가를 알 수 없다. 직접 마셔 보아야 한다.

마음 닦는 참선 또한 그러하다. 직접해봄으로써 그 묘한 도리를 터득할 수 있다.

그래서 예부터 차와 참선을 체험적인 면에서 하나라는 표현으로 다선일미茶禪一味 또는 선다일미禪茶一味라고 해왔다.

폐관 수행만 아니라면 우리 신도 전체가 잔 돌려가며 이 좋은 산사山寺에서 이 좋은 차들을 같이 마실 수 있을 텐데, 좀 아쉽다.

그럴 날이 꼭 있을 것이다.

[오늘하루 마음양식]
지혜로운 이는 억지가 없거늘 어리석은 사람은 스스로 얽매이도다.
智者無爲　愚人自縛

문을 닫고, 51일차

2013년 7월 12일 금요일
불기 2557년 음력 6. 5

오늘의 일종식
잡곡밥, 시래깃국, 콩나물, 연근, 고춧잎, 물김치, 바나나, 키위

환희심 나는 아침이다.

나팔꽃이 한꺼번에 10송이나 피었다. 10송이 나팔꽃! 10바라밀의 보살들을 보는 듯하다. 직각의 목책을 헉헉대고 오르는 모습이 안타까와 무심無心으로 나일론 줄 쳐 준 것뿐인데, 그리고 다른 작물에 퇴비줄 때 조금 떼어 무심으로 똑같이 준 것뿐인데 나팔꽃이 이렇게 기분 좋은 아침을 선사하다니…. 무심無心의 공덕이 크다.

무심! 요즘의 무문관 생활이, 모든 일을 대함에 무심하니 아무런 장애가 없고 얻을 것도 버릴 것도 없는 가운데 큰 성취를 이룬다.

아- 무심이야말로 진정 가치 있을 만하다. 마음 가운데 일체 사량분별을 쉬니 은은한 행복의 향기가 호흡지간에 솔솔 난다.

마음은 본래 무심無心이요, 무심이 곧, 도道이다.

[오늘하루 마음양식]
법은 다른 법이 없거늘 망령되이 스스로 애착함이니라.
法無異法 妄自愛着

116

문을 닫고, 52일차

2013년 7월 13일 토요일
불기 2557년 음력 6. 6

오늘의 일종식
칼국수, 밥 조금, 깻잎, 양념간장, 연근뿌리, 감귤, 망고, 찰떡

벽에 걸린 절 달력을 보니 초복인데 뜨끈뜨끈한 칼국수가 들어왔다. 승소僧笑라 해서 스님들은 면 음식만 보면 좋아한다. 그래서 공양간에서 복날 기념으로 칼국수를 준비한 것 같다. 한 올 면을 입에 대는데 얼마나 뜨거운지 이열치열은 호사豪奢이고, 온몸이 움츠러든다. 궁즉통窮則通이라, 묘안이 떠올랐다.

냉장고 문을 열었다.

무문관 각 방에는 1인용 작은 냉장고가 한 대씩 있는데 주로 김치가 들어가 있다. 다른 음식은 넣을 만한 것도 없고, 넣어 둘 필요도 없다. 그날그날 먹고 치우는 게 깔끔하기 때문이다.

냉장고 속, 물김치의 국물! 십수 일 전에 들어온 물김치가 있었는데 건더기만 건져먹고 버리기는 아까운 국물만 천덕꾸러기로 자리를……

이것이었다.

무용지용無用之用, 쓸모없는 것이 크게 쓸모 있어졌다. 국수통에 플라스틱 통의 김치 국물을 부었더니 칼국수의 열기는 가라앉고 맛 시원한 김칫국물 면이 된 것이다. 특허라도 낼만한 최상의 음식이 되었다. 복날, 뜨거운 칼국수와 찬 김칫국물과의 만남. 절묘한 조화요, 천

생연분이었다.

아~, 그저 좋을 뿐이다. 좋다! 아무것도 바라지 않고, 그저 뒷방 늙은이처럼 살아가는 단촐한 삶이지만 이런 재미가 있으니 세상은 그런대로 살만한 곳 아닌가.

공자의 수제자, 안회의 단사표음簞食瓢飮이나 부처님의 10대 제자, 마하가섭의 두타頭陀가 내겐 더 이상 어색하지 않다.

[오늘하루 마음양식]
생각을 가지고 생각을 쓰니, 어찌 크게 그릇됨이 아니랴.
將心用心　豈非大錯

문을 닫고, 53일차

2013년 7월 14일 일요일
불기 2557년 음력 6. 7

오늘의 일종식
밤이 든 잡곡밥, 미역국, 마, 양배추, 이름 모를 장아찌, 바나나, 복숭아

오늘 날씨는 우리네 인생살이를 닮았다.

오전에는 구름 끼었다가 햇볕 났다. 햇볕 중에 비가 떨어졌다. 이른 아침 민들레 잎을 채취해서 마당에 널어두었다가 비 때문에 급히 방안으로 끌어넣었다. 시자를 통해 들여온 간이 화덕에 민들레 잎을 덖고 있는데, 갑자기 일진광풍一陣狂風이 일더니 비가 쏟아졌다. 천둥소리까지 요란했다.

쪽문 방 안으로 비가 치는 바람에 전기 콘센트에 물이 들어가 플러그에 연기가 솟았다. 급히 수습하고 장대비 쫄딱 맞으면서 채전밭에 나갔더니 목책에 모셔진 부처님만 멀쩡하고 모든 작물들이 뒤죽박죽되었다. 어느 정도 정리하고 방에 들어와 민들레 차를 마저 덖었다. 그 다음, 바깥 경계를 무시하고 다구 꺼내 구수한 민들레차 다려 몇 잔 마시고 마당에 나서니 날은 언제 그랬느냐는 듯이 극히 화평해져 있었다.

그러하다. 현실에 쫓겨 너무 다급할 것도 없고, 그렇다고 완전히 무시할 것도 아니다. 인간만사 새옹지마人間萬事 塞翁之馬라 하지 않는가. 난리 중에도 차 마시며 사는 거다. 태연자약泰然自若하게 사는 게 수행자의 삶이다.

미혹하면 고요함과 어지러움이 생기고 깨치면 좋음과 미움이 없느니라.
迷生寂亂 悟無好惡

문을 닫고, 54일차

2013년 7월 15일 월요일
불기 2557년 음력 6. 8

오늘의 일종식
보리 섞인 밥, 감자 팽이버섯 된장국, 땅콩, 콩잎, 목이버섯조림, 양상추 샐러드, 복숭아, 자두

보름 전쯤, 목책 구석진 곳에서 수줍게 피어있던 노란 꽃의 실체가 밝혀졌다. 땅에 붙을 만큼 작달막하면서 새끼손가락 손톱보다 작고 앙증맞은 꽃이었는데, 무슨 식물일까, 지금껏 궁금했다. 그 꽃인 것 같은데 확신이 가질 않았다.

'그가 맞을까? 비슷하기는 한데, 아닐 수도 있지……'

아침, 날 개인 뒤 포행 중이다. 새악시 총각 보듯 빨간 얼굴을 해서 내 눈에 확 달겨든 고 깜찍한 과실, 보름 전 노란꽃 식물이 확실한 증표를 내놓는데……. 개미딸기다!

시골에서 자라나 들풀, 들꽃은 많이 아는 편인데도 덜 성숙된 상태로서는 긴가민가할 때가 있다.

사람도 그렇지 않을까. 우리 속담에 강은 건너봐야 알고, 사람은 지내봐야 안다는 말이 있다. 예외가 있긴 하지만, 나의 경험으로 사람

은 10년 정도는 사귀어 보아야
어느 정도 본 모습을 파악할 수 있다.
그만큼 인간의 성품과 업業이 복잡 미묘하다.
    빨간 과실을 달고 나타난 개미딸기가 아침 명상을 시켰다.
    '서두르지 말고, 보이는 그대로 오래 가면 알아진다.'

[오늘하루 마음양식]

모든 상대적인 두 견해는 잘못 짐작하기 때문이다.
一切二邊　良由斟酌

문을 닫고, 55일차

2013년 7월 16일 화요일
불기 2557년 음력 6. 9

오늘의 일종식
국수, 연밥, 묵, 두부, 무장아찌, 사과, 키위, 떡

세면 중에 거울을 보니 털 종류가 많이 자랐다. 머리카락이며 수염을 내버려 두었더니 터프한 사나이의 몰골을 하고 있다. 그렇다고 굳이 손 볼 필요는 없다. 자신에게 조차 피해를 주지 않기 때문이다. 요즘은 모든 것을 그저 자연의 순리에 맡기고 있다.

무위자연無爲自然! 도 닦는 사람에게 작위作爲는 금물이다. 특히 여기 무문관은 남의 눈치나 보면서 살아가는 공간이 아니다. 그 어떤 외물에도 집착하지 않으니 그 어떤 것에도 걸림이 없다. 일신여운一身如雲이라, 이 한 몸은 비록 사각통 울타리 안에 있으나 저 흘러가는 한 점 구름만큼 자유롭다.

그리하여, 오늘 같이 볕 좋은 날은 사대육신을 바람결에 맘껏 드러내놓고 오래 태양과 친할 수 있다. 굳이 도를 구할 것도 없이, 그러면서 조금도 도를 거스르지 않는 현재의 삶이 만족스럽다. 출가 후, 아니 이생 전체를 통틀어 가장 자연인으로 살고 있다.

○○도량 신도님들이 친견 차 왔다고 쪽지가 왔으나 찰견대에 오르질 않았다. 죄송할 따름이다.

은사 스님도 감포도량이 좋으시다면서 재차 방문하셨다고 하나 뵙질 못했다.

백중기도 기간에는 이게 좋겠다.

더덕줄기

오늘하루 마음양식

꿈속의 허깨비와 헛꽃을 어찌 애써 잡으려 하는가?
夢幻空華 何勞把捉

문을 닫고, 56일차

2013년 7월 17일 수요일
불기 2557년 음력 6. 10

오늘의 일종식
잡곡밥, 시원한 콩나물국, 더덕, 연근, 나물무침, 망고, 방울토마토

무일선원 무문관 각 선방의 생활무대는 방과 세면장 그리고 포행장이다. 포행장 공간 안에는, 가운데 조그만 텃밭이 있고 그 둘레에 포행길이 있다. 포행길과 바깥 피죽 울타리 사이에는 여러 가지 들풀, 들꽃들이 자라고 있다. 포행장은 수행공간이면서 온갖 자연을 볼 수 있는 동산이다. 그래서 언제부턴가 나 스스로 무문동산이라 이름 붙이고 무문불無門佛도 모셨다. 밤이든 낮이든 명상하면서 무문동산을 거니는 것이 큰 즐거움이다.

전국에 있는 두어 개 다른 무문관보다 우리절 무일선원 무문관의 가장 큰 특장特長은 이 무문동산이 있다는 것이다. 그래서 많은 스님들이 이곳에 와서 수행하기를 희망한다.

무문동산이 요즘 들어 참으로 화기애애한 분위기가 넘친다. 길고 굵게 열매 단 가지, 그 가지의 무성한 잎 사이를 치올라 달개비 꽃 한 송이가 예쁜 혀를 내밀고 있다. 몇 발자국 옮겨서는 질경이와 민들레가 한몸처럼 한 곳에서 뿌리 채 어울리고 있다. 그리고 막 걸음마를 시작한 수세미, 그 연약한 넝쿨이 마침 옆에선 해바라기 대궁이를 타고 오른다.

참으로 경이롭다 하지 않을 수 없다. 여기 무문동산에서는 눈에 부딪히고 눈에 드는 모든 것이 부처님의 묘한 작용이다.

보는 것 자체가 즐겁다.

[오늘하루 마음양식]
얻고 잃음과 옳고 그름을 일시에 놓아버려라.
得失是非 一時放却

문을 닫고, 57일차

2013년 7월 18일 목요일
불기 2557년 음력 6. 11

오늘의 일종식
잡곡밥, 국, 브로콜리, 우엉뿌리, 복합 샐러드, 물김치, 참외, 홍삼액, 옥수수

개미와 동거한 지 두 달이 다 되어간다. 이 자들은 제법 독이 강하다. 한번 깨물리면 한참 동안 쓰라린다. 때로는 어린 식물들에게도 접근해서 치명상을 입힌다. 텃밭에 참외 넝쿨이 있었는데 이 자들이 집단으로 올라가서 진을 치고 난동을 부리더니 십여 일 만에 잎이 새하얗게 말라 결국은 죽은 경우도 있었다.

세상이 아무리 각다귀판이라지만 매번 그냥 당할 수가 없어서, 텃밭은 그렇다 치고 방의 질서는 잡아야겠다 싶어 방 규율 즉, 방의 청규를 제정했다.

상대의 영역을 넘보지 않기로 약속하는 선을 그은 것이다. 물론 약속은 처음이 아니다. 전에는 그냥 말로써 여러 차례 강다짐을 받았는데 소용이 없었던 것이다. 백묵, 하얀 분필 비슷한 것으로 방바닥에 굵게 선을 치면서 말했다.

"너희들은 여기 흰 선 그쪽에서 놀아라. 만일 이쪽으로 넘어오다가 지뢰라도 밟으면 난 모른다. 이게 너희들과의 최후 타협책이다.”

　그런데 개미들은 금방 알아차렸다. 후각 기능이 얼마나 발달했는지 그 하얀 선 근처에 왔다가는 무엇을 감지했는지 가재걸음을 해서는 슬슬 물러났다.

　방안에 드디어, 평화가 찾아왔다. 난 그 선을 평화선이라고 불렀다. 오후 4시 설거지 시간이 다 되어서, 며칠 전에 손수 만든 민들레차를 마시면서 멀찌감치 그 자들을 관찰하는데, 내가 준 먹이 창고에만 부지런히 왕래할 뿐 평화선을 절대 넘지 않았다. 약속을 잘 지키고 있는데 대한 포상으로 주사위 모양의 치즈 한 통을 또 하사하였다.

[오늘하루 마음양식]
눈에 만약 졸음이 없으면 모든 꿈 저절로 없어지리라.
眼若不睡　諸夢自除

문을 닫고, 58일차

2013년 7월 19일 금요일
불기 2557년 음력 6. 12

오늘의 일종식
찰밥, 오곡밥, 미역국, 양배추, 콩도나스, 배추된장무침, 무우 피클, 사과, 포도, 케익

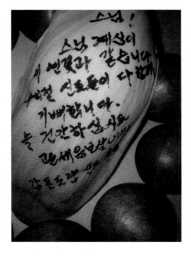

특별한 고집과 주장으로 출가 그 후 공식적으로 한 번도 챙기지 않은 기념일! 나의 생일날이다. 공인의 자리에 있다 보니 알게 모르게 '6월 12일' 소문이 많이 나버렸다. 하지만 크게 신경 쓸 일은 아니다.

나이를 먹을수록 여러 가지로 그저 감사한 마음이 많이 든다. 이번 생일에도 그러하였다. 사바세계와 인연 맺어준 부모님께 감사드린다. 그리고 부모님을 대신해서 찰밥과 미역국, 그리고 케익까지 넣어 준 공양간 후원팀에게 감사드린다. 연꽃잎에 생일 축하를 써준 감포도량의 신도님들께 감사드린다. 뭘 먹고 싶으면 이야기하라고 쪽지 넣어 준 이모 보살님들께 감사드린다.

20년 전 전세 포교당에도 오셨던, 목소리 쩌렁쩌렁하신 불심 도문 큰스님의 백중 초재법문이 하필 금일, 나의 생일날에 겹친 것에 대해 감사드린다.

　나의 생일을 기억하고 계시는 분이나, 혹시 몰랐다가 '아～, 그 더운 날에 어쩌자고…' 하면서 뒷날 마음으로 챙겨주실 분들께도 감사드린다.

　인생하처래人生何處來 인생하처거人生何處去, '인생은 어디서 왔다가, 인생은 어디로 가는가'의 큰 화두를 주시고 생일날, 이 무문관에서 정진케 하신 부처님께 감사드린다.

[오늘하루 마음양식]

마음이 다르지 않으면 만법이 한결같으니라.
心若不異　萬法一如

문을 닫고, 59일차

2013년 7월 20일 토요일
불기 2557년 음력 6. 13

오늘의 일종식
모밀면, 밥, 단무지, 우엉, 줄기나물 볶음, 수박, 바나나

한국불교대학 大관음사 정진의 상징이 된 무일선원 무문관은 3개 동으로 이루어져 있는데 A동은 비구 스님, B동은 비구니 스님, C동은 재가불자들에게 열려있다. 남·녀의 차별, 승·속의 차별을 두지 않는 원융 수행처로 소문이 나다보니 사부대중四部大衆, 모든 이들로부터 칭찬을 받는다.

아쉬운 점은, 건물 구조 형편상 세면장이 넓지 못해서 많이 불편하다. 약 한 평정도의 세면장은 다용도로 쓰이고 있는데 화장실, 샤워실, 필요에 따라 옷 세탁과 공양 그릇 세척도 이곳에서 이루어진다.

하루에 한 끼 담아오는 공양 그릇은 혼자 공양을 마친 뒤 세면장에서 잘 씻어서 뒷날 아침 아홉 시에 봉창문으로 다시 내 놓는다. 그릇 세척 시간도 정해져 있는데 오후 4시부터 5시 사이만 가능하다. 그릇 씻는 소리와 물 내리는 소리도 혹시 다른 방 수행에 지장을 줄까봐 서로가 약속을 한 것이다. 이 시간에 주로 청소도 하고 운동도 한다.

그런데 오늘 사고를 쳤다. 청소, 운동 후에 거의 5시 임박해서 덤벙대며 설거지 하다가 그릇 하나를 깨먹었다. 미끌미끌한 세제 잔뜩 묻은 도자기 그릇을 아차 순간 놓친 것이다. '스스로 늘 각성하자'는 의미로 깨진 그릇은 포행하는 마당 길목에 두었다.

설거지 할 때 한 개 한 개 그릇도 조심해서 잡을 일이요, 세상살이 할 때 한 걸음 한 걸음 내딛는 인생 걸음도 조심할 일임을 새삼 또 느낀다.

[오늘하루 마음양식]
한결같음은 본체가 현묘하여 올연히 인연을 잊느니라.
一如體玄　兀爾忘緣

문을 닫고, 60일차

2013년 7월 21일 일요일
불기 2557년 음력 6. 14

오늘의 일종식
보리잡곡밥, 버섯국, 더덕, 죽순, 나물무침, 호박잎, 된장, 물김치, 복숭아, 망고

무문관 울담 바투 앉은 쑥대.

이곳에 처음 들어온 날부터 염두에 두었다. '농약은 냄새조차 얼 씬거리지 않는, 이런 폐쇄 공간의 쑥이니 참 좋은 차가 되겠구나!' 하 고. 뱀도 앉았다 가던 어린 쑥이 두 달 지나자, 이제는 시집보내도 될 다 큰 어른이 되었다.

쑥 봉蓬 자, 쑥 애艾 자 – 봉애 아가씨이다.

일주일 전에 날 잡고 준비하였다. 먼저 쑥대를 신경 써서 잘 꺾 었다. 그리고 잎을 따서 물에 여러 번 씻어낸 뒤 햇볕에 하루 건조시켰 다. 다시 또, 이틀 동안 이 오여름에 방을 따뜻이 하고 실내에서 더 말 린 뒤, 가위로 잘게 잘게 썰었다. 그 다음, 그늘에 또 하루 늘어두었다 가 간이 화덕을 차려놓고 열판에 덖었다. 총 5번 덖으니 쑥 잎이 바삭 바삭하면서 쑥차로 완성이 되었다. 물 끓여 차 맛을 보니 쑥 고유의 향 기가 살아있으면서도 쓰고 비릿한 기운이 없어졌다. 빛깔까지 잘 보존 된 훌륭한 쑥차로 태어난 것이다.

봉애 아가씨, 시집 한 번 잘 왔다.

공부가 거창하게 따로 있는 게 아니라 쑥차 만드는 것조차 공부 이다. 삼매에 들어 정진하였더니 가위질에 손가락 여기저기가 다 까지고, 불기운에 손바닥까지 데였다. 집중한 흔적이 혀끝에서부터 마음에까지 이른다.

　　이 무더운 삼복더위에 봉애 아가씨와 나누는, 이 깊고 시원한 정을 누가 알리오!

🪷

　　날씨 더운데 후원팀에서 신경을 얼마나 쓰는지 공양이 너무 잘 들어오고 있다. 회주로서 답례할 길을 찾다가 작은 텃밭의 잘 익은 방울토마토를 따서 봉창문으로 내주었다.

문을 닫고, 61일차

2013년 7월 22일 월요일
불기 2557년 음력 6. 15

오늘의 일종식

잡곡밥, 된장국, 야채샐러드, 나물무침, 가지, 복숭아, 자두, 아보카도, 치즈

무문관 각 방 스님들께 편지 한 통씩을 전달하였다.
내용은 이러하다.

歸依三寶귀의삼보하옵고,

精進정진하시는 스님들의 모습에 찬탄을 보냅니다.

千日천일(3年) 安居안거 淸淨청정 結社결사도 벌써 2個月개월
이 지나갑니다. 불편함은 없으신지요?

다름이 아니오라 이번 달부터 매월 음력 16일에 한 차례씩
신도님들이 선방 외곽을 도는 정기적 回轉法會회전법회가 생겼습
니다. 지금 無一禪院무일선원 無門關무문관은 한국불교대학 大觀音
사 산하의 선방 후원회에서 지원하고 있는데, 3년 세월이 너무
멀다면서 선방 회전법회라도 회수를 늘려달라는 간곡한 부탁이
있었습니다(종전에는 1년에 4회 정도 비정기적으로 있었음).

스님들의 공부에 방해되지 않도록 일체 默言묵언상태에서
조용조용 돌도록 하겠습니다. 시간은 30분內내가 될 것입니다.
안에서 평상시대로 精進정진하시면 됩니다. 아마 이 법회는 승보
공경의 의미를 되새기는 계기도 될 것으로 생각합니다.

그리고 생활 중에 혹시 必要필요한 것 있으시면 쪽지로 주
문해 주십시오. 건강 잘 챙기십시오. 관세음보살.

會主 無一 우학 合掌

p.s 세면장 하수구 냄새가 나면, 비닐봉지에 물을 담아서
놓아두시면 덜 합니다.

주지가 원터치 형식의 모기장을 넣어주었다. 잘됐다. 모기 같은
존재와는 상대하지 않는 것이 최상책이다.

문을 닫고, 62일차

2013년 7월 23일 화요일
불기 2557년 음력 6. 16

오늘의 일종식
잡곡밥, 국 같은 죽, 김치, 우엉, 실 삼, 잎장아찌, 바나나, 키위, 옥수수, 떡

대여섯 평 남짓의 무문동산이 요즘 들어 절정에 달하고 있다. 무슨 기이한 사연이 있었던지 한 몸에서 나온 두 가닥 줄기에서 한 쪽은 수박의 기운이 완연하고, 한 쪽은 박의 기운이 완연하다.

해 쨍쨍한 날에는 노랑 수박꽃을 보고, 달빛 고요한 밤에는 하얀 박꽃을 본다. 참으로, 낮도 좋고 밤도 좋다. 수박 넝쿨은 땅을 기면서 수박을 잉태했고, 박 넝쿨은 하늘로 솟으면서 박을 잉태했다.

참으로, 하늘도 풍요롭고 땅도 풍요롭다.

그 사잇길에 무위진인無位眞人의 한 총각이 유유자적 걸음을 옮겨 놓으니 이곳이 바로 열반의 언덕 아닌가!

천상의 노래꾼들, ○○○합창단 회원들이 선방 회전법회를 한다고 쪽지가 들어왔다.

○○○합창단은 1992년 한국불교대학 大관음사의 창건년도에 만들어진 최초 신행단체이다. 사정상 직접 대면 할 수는 없지만 선방 문창의 어른거림에 찬불의 노래 향기를 진하게 맡는다.

문을 닫고, 63일차

2013년 7월 24일 수요일
불기 2557년 음력 6. 17

오늘의 일종식
잡곡밥, 냉채국, 오이무침, 땅콩, 은행, 유부, 바나나, 토마토 간 것

북한말에 '속과 겉이 다른 사과가 되지 말고, 속과 겉이 같은 토마토가 되라'는 말이 있다고 한다. 포행할 때 텃밭에서 익어가는 토마토 열매를 볼라치면 이따금 북한 격언이 떠올라 싱거운 웃음을 짓는다.

아침에도 그랬다.

그런데, 오늘 플라스틱 통에 딸려온 두 통의 편지가 있었는데 정말 속과 겉이 같았다. 한 통은 연두색 편지 봉투에 연두색 편지지였고, 한 통은 하얀색 편지 봉투에 하얀색 편지지였다. 둘 다, 요즘 만나기 힘든 손편지이다. 편지지 빛깔도 빛깔이지만 내용이 참 투명하고 좋았다. 속과 겉이 같다고 해야 할까.

연두 빛깔 편지의 주인공은 수년 전 이곳 무문관에서 정진할 때 감포도량의 종무소 직원이었는데, 그때 수좌회 방함록 서류관계로 나의 귀빠진 날을 알았는지 '생일을 축하한다'는 그림과 함께 연두빛 마음을 담아 보내 왔고, 하얀 빛깔 편지의 주인공은 우리절이 전세 생활을 할 때부터 절에 다니던 교사 직분의 참한 신도인데, 방학 기간을 틈

타 나의 경전 강의집 원고 교정을 해주겠다고 스스로 약속하고는 이민 문제로 호주에서 시간을 보내는 바람에 결국 실천하지 못했다면서 그 점에 대해 진심으로 참회하는 하얀 마음을 장장 5장에 걸쳐서 담아 보내 왔다.

아~, 사람들의 마음이 혼탁하여 오탁악세五濁惡世라고 하지만 우리 주위에는 더러더러 정 있으면서 맑은 영혼을 가진 벗法友들이 있다. 이 세상은 바로 그들의 것이다.

축하할 일도 아닌데 축하하는 사람!

참회할 일도 아닌데 참회하는 사람!

쪽지에 오늘 백중 2재 법문은 종범 큰스님이 하신다고 쓰여 있다. 종범 큰스님은 나의 은사이신 성性 자 파波 자 큰스님과 함께 운허 – 홍법으로 이어지는 강맥을 이으신 분이다. 큰스님을 모시지 못해 송구스러울 뿐이다.

나는 은사 스님으로부터 수년 전에 전법전강을 한 바가 있다.

[오늘하루 마음양식]
만법이 다 현전함에 돌아감이 자연스럽도다.
萬法齊觀 歸復自然

문을 닫고, 64일차

2013년 7월 25일 목요일
불기 2557년 음력 6. 18

오늘의 일종식
잡곡밥, 생두부, 무, 땅콩, 배추무침, 콩잎, 사과, 토마토주스, 감자 두 개

　텃밭에, 하늘 향한 고추가 있고 땅을 파는 가지가 있다. 내 평생 처음 보는 일이라 신기해서 이들의 끝을 보기로 작정하였다. 그래서 고추는 딸 때가 지났는데도 그냥 두었더니 팔뚝 만해졌고, 가지는 땅에 부딪혀 힘들어하는 기운이 역력해서 바닥에 홈을 파 주었더니 제 몸의 반을 집어넣고도 계속 굵어가는 중이다.

　기분이 좋으면 세상에 재미있지 않는 일이 없다지만, 이건 참으로 불가사의하다. 신통 묘용한 부처님의 위신력이 작은 뜰에서 자연스레 현현顯現하다니…….

　아, 이 무슨 행운인가. 새벽같이 일어나 근 3일 만에 물뿌리개로 이들에게 감로수를 내리니 이들의 화답이, 내 마음 뜰에 큼직한 미소의 꽃 열매로 맺힌다.

　상좌들인 대중 스님 전체를 상대로 편지 한 통을 썼다. 대중화합, 자기정진, 보살도의 실천을 염두에 두고 잘 살라는 게 요지였다. 그리고 덧붙여, 큰스님 법문 경청과 사경명상의 중요성을 아주 강조했다.

그 까닭을 없이 하면 견주어 비할 바가 없음이라.
泯其所以　不可方比

땅을 파며 아래로 자라는 가지,
하늘을 향해 거꾸로 자라는 고추

문을 닫고, 65일차

2013년 7월 26일 금요일
불기 2557년 음력 6. 19

오늘의 일종식
잡곡밥, 콩나물국, 깻잎, 마, 목이버섯조림, 복숭아, 포도, 바나나, 망고

이 산중에서도 쓰레기 문제가 크다.

무문관 각 방에는 쓰레기 용도로 검은 비닐봉지와 투명 비닐봉지 두 종류가 들어와 있다. 검은 비닐봉지에는 종이 따위의 태울 수 있는 쓰레기를 담고, 투명 비닐봉지에는 과일 껍질 따위의 썩는 쓰레기를 담는다. 그래서 아침 9시, 봉창으로 빈 공양 그릇을 내 놓을 때 그릇 담긴 플라스틱 통 위에 얹어 두면 밖에서 수발하는 대중이 거두어 간다.

곰곰이 생각해보면 각 방에서 나오는 쓰레기가 만만치 않을 것 같은데, 외호 대중의 노고가 여러모로 크다.

특별한 묘수는 없다. 먹지 않을 수는 없을 테니까 좀 덜 먹는 1종식이 이쪽 부분을 생각하더라도 무문관 실정에 잘 맞다.

하여간, 방안으로 들어오는 음식은 다 먹는 게 좋다. 그게 공양해주는 사람에 대한 예의요 또한, 뒤처리가 깨끗하다. 이미 들어온 음식을 놔두었다가 하루 뒤에 다시 밖으로 내놓는다면 그것 역시 쓰레기가 되고 만다. 그래서 먹어야 하는데, 지금의 여름철을 고려하여 수 시간 내에 다 먹는 것이 좋다.

아침, 어제 후식용으로 들어온 감자 두 개 중, 하나는 먹고 하나는 봉지에 든 그대로 남겨두었는데 쓰레기를 정리하다보니 그 감자 한 개가 눈에 띄었다. '아~ 상했구나!' 하고 입에 갖다대보니 맛이 가질 않았다. 아침부터 큰 행운을 잡았다. 배도 출출한데 잘 되었다.

아침 감자 행운은 밤까지 이어졌다. 정진 끝에 방안을 둘러보는데 포행장으로 나가는 쪽문 위의 창틀에 파란 옷을 입은 개구리 한 마리가 앉아 내 쪽을 뚫어지게 응시한다.

묵언하는 곳이라 입은 못 떼고, 줄곧 목만 벌렁대며 내랑 말하고 싶어 한다. 수 미터가 되는 벽을 어떻게 타고 올랐는지, 신통하다.

멋진 풍경이요, 멋진 세상이다.

아버지 거사님의 기제사이다. 향 한 자루 사루며 금강경을 읽어드렸다. 핏줄에 대한 근원적 고뇌를 안고 살다 가신 아버님을 생각하면 늘 안타깝고 죄송스럽다. 큰아들과 장손의 책무를 다하지 못한 죄밑이 크다. 부디 윤회의 고리를 끊고 극락왕생하시기를 기도하고 기도한다.

[오늘하루 마음양식]
그치면서 움직이니 움직임이 없고, 움직이면서 그치니 그침이 없느니라.
止動無動　動止無止

문을 닫고, 66일차

2013년 7월 27일 토요일
불기 2557년 음력 6. 20

오늘의 일종식
콩국수, 밥, 우엉뿌리, 김 튀김, 장아찌, 베리, 포도, 치즈

아주 오랜만에 붓을 잡았다. 지금 하고 있는 사경명상을 붓으로도 좀 하고 싶어서이다.

사경에는 금니 사경, 먹 사경, 잉크 사경 등이 있는데 주로 내가 틈틈이 하는 사경은 번다하지 않은 잉크 사경이다. 어쨌든, 참선 중에 간간이 하는 사경의 맛은 표현할 수 없는 또 다른 법락法樂이다. 한 자 한 자, 사경을 하다보면 마음은 극히 고요하게 되고, 깊은 몰입 속에서 참자아를 만날 수 있다. 그래서 나는 사경을 사경명상이라고 자신 있게 이름 붙이는 것이다.

오늘부터 잉크 사경과 함께 하게 되는 먹 사경은 준비를 좀 해야 한다. 먼저 먹을 잘 갈고 화선지를 적당한 크기로 자른다.

붓도 글자의 굵기를 고려해서 알맞은 호를 고른다. 그 다음은 감각작용을 일으키는 일체 외물外物을 멀리하고 오로지 집중한다.

오후 네 시, 설거지 마치고 운동도 하지 않고 곧바로 사경명상을 시작하였는데 어느새 날이 깜깜해져 있었다. 깊은 삼매에 들어서 지극 정성 사경하다보면 글자 한 자 한 자가 부처님의 한 과 한 과 사리舍利처럼 보여 진다.

법신사리法身舍利의 가피가 온 심신心身에 젖어 옴을 느낀다.

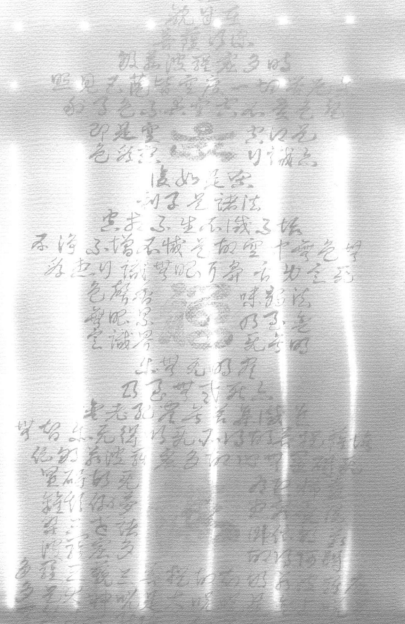

문을 닫고, 67일차

2013년 7월 28일 일요일
불기 2557년 음력 6. 21

오늘의 일종식
밥, 두부 된장국, 나물무침, 콩, 단호박, 김치, 상추, 포도, 자두, 빵

시자 편으로 유치원 아이들의 위문 편지가 왔다.

내용들은 대부분 '건강하고, 오래살고, 공부 잘하라' 는 애늙은이 같은 말이다. 물론, '사랑하고, 보고 싶다' 는 말도 빼놓지 않았다.

한국불교대학 大관음사의 보배, 참좋은 어린이집과 참좋은 유치원의 고 눈 똘망똘망한 우리 아이들, 무슨 일이 있어서 한꺼번에 모아 놓으면 오밀조밀한 '별꽃아재비'를 닮았다. 별꽃아재비를 보면 인연이라는 것을 떠올리게 된다.

귀엽고 깜직한 별꽃아재비!

- 하양 5개의 꽃잎과 노랑 집단 꽃술 -

수십 년 전, 언젠가 걸망을 메고 산길을 걷다가 길섶에서 만났는데 처음부터 친근감이 있었다. 안개꽃처럼, 가지마다 밤하늘 별처럼 꽃 송이 송이가 달려 있는 것을 보고 너무 신기해서 식물사전을 통해 이름부터 알아내었다.

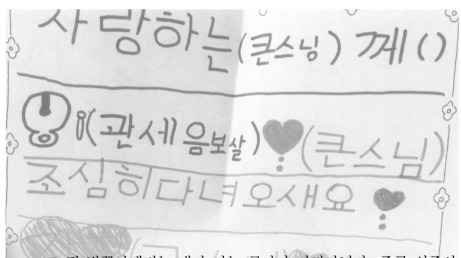

사랑하는 (큰스님) 께 ( )

(관세음보살) ♥ (큰스님)

조심히다녀오세요 ♥

그 뒤 별꽃아재비는 내가 가는 곳마다 따라다녔다. 중국 선종사찰 순례지에도 따라왔고, 우리절 하늘 법당 감자밭에도 따라왔다. 심지어는, 지금의 무문관 작은 텃밭까지 따라와서 같이 살고 있다. 식물이라도 한번 맺은 좋은 인연은 두고두고 좋게 오래 간다.

오늘, 우리 아이들의 그림 곁들인 편지를 보면서 '참 좋은 인연이구나' 하는 느낌을 받는다.

별꽃아재비보다 더 귀엽고 깜찍한 우리 아이들! 사랑하는 우리 아이들이 다 건강하고 잘 되기를 간절히 기도 축원하면서 우리 아이들의 말대로 3년 후, 초등학교 3학년 초에 단체로 한번 만나기를 기대한다.

[오늘하루 마음양식]
두 가지가 이미 이루어지지 못하거니 하나인들 어찌 있을 건가!
兩旣不成　一何有爾

문을 닫고, 68일차

2013년 7월 29일 월요일
불기 2557년 음력 6. 22

오늘의 일종식
흰밥, 보리 조금, 배춧국, 브로콜리, 콩나물, 버섯, 양배추, 포도, 키위, 옥수수

　　무문관은 상대가 없으니 첫째, 저절로 묵언이다. 즉, 말을 하지 않으니 구업口業 지을 일이 없다. 무문관은 상대가 없으니 둘째, 저절로 금욕생활이다. 즉, 아무도 만날 수 없으니 신업身業 지을 일이 없다. 무문관은 상대가 없으니 셋째, 저절로 무집착심이 된다. 즉, 헛된 생각을 놓아버리니 의업意業 지을 일이 없다.

탐貪 · 진瞋 · 치痴, 삼독三毒의 환경으로부터 멀리 떨어져 있으면 서 신身 · 구口 · 의意 삼업三業으로부터 자유로우니, 이 무문관이 수행에 더 이상 좋을 수 없다. 한 마디로, 저절로 계율 잘 지키는 소위, 율사律師가 된다.

10년 전 백담사 무문관 생활에서, 무문관이야말로 청정 율사를 만드는 도량이라고 생각한 적이 있다. 지금도 그 마인드에는 변함이 없다. 일단 적게 먹으면서 보지 않고 듣지 않으니 업業 지을 일이 뭐 있겠는가! 그래서 3년 정도면 업장을 녹이고 운명도 바꿀 수 있다는 확신이 든다.

무문관이 스님들의 수행처로서 최고 일 수밖에 없다. 하지만, 백담사 무문관 선방에서 동안거를 마치고 눈밭을 걸어나오면서 '이게 다는 아닌데…' 하는 아주 기특한 생각을 하였다.

'아무것도 할 수 없는 조건이라서 저절로 율사가 된다면 이건 좀 수준이 낮지 않은가? 그런 율사가 무슨 대수이겠는가. 시내 저잣거리에서도 큰일 하면서 그 어떤 잡음이나 외풍에도 아랑곳하지 않고 율사 소리를 듣는 분이 진정 대율사大律師이다. 그러한 분을 스승으로 모셔야겠다.'

그래서 비니 정맥의 스승으로 모신 분이 불교TV 방송국의 성우 대율사이시다. 봉창으로 들어온 쪽지에, 오늘 백중 2재 법문으로 성우 대율사께서 해주시기로 되어 있는데 제자답지 못하게 마음만 쓰고 있으니, 차마 인간으로서 할 도리가 아니다.

법문 계획 시간 내내 뙤약볕에 서서 큰스님의 법을 흠모하였다.

'스승님, 오래 오래 강건하시길 기도합니다….'

문을 닫고, 69일차

2013년 7월 30일 화요일
불기 2557년 음력 6. 23

오늘의 일종식
흑미밥, 버섯국, 가지, 고추, 무장아찌, 두리안, 자두

[오늘하루 마음양식]

끝내 궁극하여 일정한 법칙이 있지 않음이라.
究竟窮極　不存軌則

넓디넓은 나무 벽면에 수채화처럼 핀 나팔꽃 한 송이가 영락없는 하트 잎을 달고, 새벽부터 뒷산 자드락길까지 목을 길게 내빼 나발 분 공덕이 나타난다.

문 닫힌 선방에 여러 손님들이 들이닥쳤다. 그 누구도 범접하지 못하는 울담을 넘어온 안개부대가 마당 넓게 진을 쳤다. 무엇이 그리 좋은지 희디 흰 박꽃 총각이 밤 꼬박 세우는데, 대낮이 될 때까지도 그 총각 물러가지 않고 오히려 점박이 이쁜 나비를 불러들여 담소 나눈다. 그저께부터 개화開花를 시작한 해바라기 늘씬한 처녀는 그 넓은 얼굴에 노랑꽃가루 온통 분칠해 발라서 근육 좋은 벌 한 마리 혼 빼며 청춘 즐긴다. 죽담 아래 개미떼는 어디서 그렇게 모여들었는지, 큰 먹잇감을 가운데 두고 사물놀이 판을 펼친다.

이제 할머니가 된 상추도 오늘 비로소 늦은 꽃 피우고 좋아하는데, 언제 왔는지 마당 한켠에 해맑은 얼굴을 한 클로버 두 송이가 살짝 모습을 드러낸다.

적중망寂中忙이라, 고요한 가운데 움직임이 많다. 수염 기른 자연인은 여러 날 만에 하던 운동을 재개했다.

저녁나절 비 뿌리기 전까지 오늘, 무문관 평화의 소식들이다.

문을 닫고, 70일차

2013년 7월 31일 수요일
불기 2557년 음력 6. 24

오늘의 일종식
콩 우뭇가사리, 잡곡밥, 엉개 장아찌, 생두부, 버섯, 나물무침, 복숭아, 포도

'잠자리'란 자가 방안에 언제 들어왔는지 남의 정진 머리 꼭대기에서 저공비행을 하여, 하루 내내 눈과 귀 성가신다.
2600년 오래 전 인연이라지만, 좁은 방에 앉은 수행자가 석가모니 부처님의 결찌가 아니었던들, 잠자리는 오늘 성치 못했을 텐데 꽤 운이 좋은 편이다.
풍광일일신風光日日新, 풍광이 날로 날로 새롭다. 바야흐로, 내 마음 뜰에도 볼 것과 먹을 것이 점점 넉넉해진다. 주인 닮은 텃밭을 보면 알 일이다.

목책을 오르는 수세미는 주렁주렁 끝도 없이 열매를 이어가고, 포행길 밀치며 들어오는 강아지풀은 내 다리에 제 머리를 들이받는 횟수가 무척 잦아졌다. 한마디로 하루 하루의 풍광이 새롭다. 남이 보면 내 사는 형편이 간난신고艱難辛苦라 할지 모르지만, 무일선원 무문관 생활이 스스로는 지금 나이와 성격에 깔축없다. 오래 오래 있을 만한 곳이다. 아침에는 잘 굵은 가지를 세 개씩이나 따서 봉창문 열고 후원 대중 몫으로 내보냈다.

문을 닫고, 71일차

2013년 8월 1일 목요일
불기 2557년 음력 6. 25

오늘의 일종식
잡곡밥, 두부 김치찌개, 호박쌈, 연근, 비름나물무침, 양상추 샐러드, 김치, 자두,
이름 모르는 열대 과일

　오늘도 맨발로 어디까지 나갔다가 수많은 것들을 보고 즐기다 내 방에 돌아왔다. 포행 시간이다. 1시간은 족히 걸었다. 이젠, 이력이 나서 신발 신지 않아도 발바닥 끄떡없다.

　산천의 온갖 꽃, 온갖 풀, 온갖 채소, 온갖 과일들이 나의 걸음걸음을 장엄한다. 강아지풀, 별꽃아재비, 해바라기, 질경이, 쑥, 개똥쑥,

개미딸기, 나팔꽃, 민들레, 씀바귀, 토마토, 참외, 수박, 피망, 가지, 맨드라미, 강낭콩, 달맞이꽃 등 다 열거하기 힘들다.

'이렇게 넓은 공간에서, 무제한의 시간을 거닐며 자유롭게 살다니 도대체 크기가 얼마만 할까?'

불현듯 이런 생각이 나서 30cm 플라스틱 자로 긴 노끈 줄자를 만들어서 재어보니 대략, 남북 길이가 9m요, 동서폭이 3m이다. 객관적으로 보았을 때는 참으로 가당치 않다. 이 공간 안에 우주가 펼쳐져 있으니 기가 찰 노릇 아닌가.

우주宇宙라 하면 시간, 공간을 한꺼번에 말하는 개념이다. 그런데, 이 우주가 내 작은 울안에 있다. 일미진중함시방一微塵中含十方, 한 티끌이 시방세계를 머금었다하더니 딱 맞는 말씀이다. 대우주의 아름다움과 질서정연함이 울안에서 하나도 빠짐없이, 신심信心나게 펼쳐진다. 나는 매일처럼 우주 속을 걷고, 늘 우주를 느낀다. 나는 곧 우주요, 우주는 내 마음의 흔적이다.

나의 우주. 한참 걷다보면 나도 우주도 없어지고, 그 자리를 대신해 또 다른 훤칠한 놈이 동행한다. 포행布行, 동행자가 있어서 외롭지 않다. 오늘도 실컷 돌아다녔다.

[오늘하루 마음양식]
마음에 계합하여 평등케 되어, 짓고 짓는 바가 함께 쉬도다.
契心平等 所作俱息

문을 닫고, 72일차

2013년 8월 2일 금요일
불기 2557년 음력 6. 26

오늘의 일종식
잡곡밥, 된장국, 마, 버섯, 배추무침, 두유, 포도, 자두

　맹모삼천지교孟母三遷之敎는 성장하는 삶에 있어서 환경이 얼마나 중요한가를 단적으로 말해주는 교훈이다.

　환경!

　불교가 인연과보因緣果報를 가르치는데, 여기서의 연緣은 환경과 같은 '조건'을 말한다. 어떠한 과보 즉, 결과가 잘 나타나려면 연緣 즉, 조건이 아주 중요하다.

　무문동산에 세 그루의 해바라기가 자라고 있다.

　포행길 중앙의 텃밭에 심은 것은 키도 멀대장같이 크고, 꽃도 세면대야만하다. 하지만, 텃밭 아닌 목책 아래 심은 두 그루는 다같이 키가 나지막하고 꽃은 손바닥만 하다. 똑같은 모종을 심었는데 지금 와서 이렇게 차이가 나는 것은 환경 때문이다. 텃밭의 해바라기는 햇볕도 많이 쬐고 토양 자체의 영양가도 높다. 그리고 물도 많이 먹었다. 반면에, 목책 쪽의 해바라기는 그늘에 있는 시간이 많고 땅도 척박할 뿐 아니라 물맛도 적게 보았다. 인因은 같은데 어떤 연緣을 만나는 가에 따라서 과果가 달라짐을 여실히 보여주는 증거이다.

오늘도 그들 주위를 수없이 걸으면서 환경에 따라 그 결과가 확연히 다른 점을 주입하듯 실감하였다.
언뜻, 이런 생각을 가졌다.
'불교 공부도 그렇지! 수행의 토양이 중요하지…. 어느 도량에서, 어떤 선지식을 만나느냐에 따라서 그 공부의 성취가 달라지지….'

[오늘하루 마음양식]
여우같은 의심이 다하여 맑아지면 바른 믿음이 서리라.
狐疑淨盡　正信調直

문을 닫고, 73일차

2013년 8월 3일 토요일
불기 2557년 음력 6. 27

오늘의 일종식
잡곡밥, 미역 냉채국, 연근, 콩잎, 나물무침, 튀김, 복숭아, 포도

어릴 때, '봉사가 10리 밖의 일을 더 잘 안다'는 말을 듣고 의아해한 적이 있었는데 요즘 나의 사정이 그렇다. 사방 막힌 공간에서, 봉창문으로 들어오는 과일만 보더라도 인근의 작황 사정이 어떤지 짐작이 간다. 이곳에서는 주로 제철 과일을 먹기 때문이다.

지난주 내내 자두가 들어왔는데 먹는 양이 많지 않아 하나씩 남겨 두었다가 오늘 여러 개를 같이 먹었다. 그런데 종류도 여러 가지지만 그 맛도 다 달라서 한 개 한 개 음미하면서 먹는 것도 공부였다. - 그윽이 관찰, 관하다가 하나가 되어버림 - 공부거리 아닌 것이 없다.

자줏빛 복숭아라 해서 자도紫桃의 어원에서 비롯된 자두!

나와 자두와의 인연은 초등학교 1학년 때였다. 문방구에서 파는 자두가 너무도 맛있게 보여서 1원을 주었더니 한 보따리나 주었다. 그 놈의 신 자두를 다 먹느라고 얼마나 애를 먹었던지, 그 뒤로는 만정이 떨어졌다. 이곳 무문관에서 보쌈 당하듯, 억지로 자두를 만나 인연을 맺지 않을 수가 없었는데, 지금 먹어보니 그런대로 먹을 만하다. 좋다.

우리가 살던 시골에서는 자두를 '애추'라고 하였는데, 애추라는 별명을 가진 선생님도 있었다.

이 추억의 과일, 자두!

'참외밭에서는 신발을 고쳐 신지 말고, 오얏(자두)나무 아래에서는 관을 고쳐 쓰지 말라'는 말이 있는 것처럼 옛날부터 자두는 여기저기 많이 있었던 모양이다.

그런데 또, 천자문에는 보면 '과진리내果珍李柰, 과일에는 능금과 오얏을 보배로 친다' 하였으니 오얏 즉, 자두는 흔하면서도 인기가 있었던 과일임이 분명하다.

사람도 그러하면 얼마나 좋을까!

'서민적이면서도 선망羨望, 감동感動의 대상이 된다면…'

이름도 얼굴도 모르는 한 신도님으로부터 편지가 왔다.

공양통에 담겨 철책과 봉창문을 뚫고 들어왔다.

"…… 스님, 한 철이 지나가네요. 큰스님은 저희들이 보고 싶지 않으세요? 저희들은 스님이 엄청 보고 싶습니다……."

그렇지 않아도 요 며칠 많이 갑갑하였는데, 편지를 받고 보니 신도님들이 보고 싶다. 법문 듣고 기도하는 그 또렷또렷 한 눈망울들이 그립다. 그런데 열두 철 중에 이제 한 철이 지난다.

문을 닫고, 74일차

2013년 8월 4일 일요일
불기 2557년 음력 6. 28

오늘의 일종식
흰 밥, 짜장, 호박잎 된장국, 깻잎, 버섯, 나물무침, 수박, 햇사과

오랜만에, 잘 정리된 하루였다. 이런 날이 잘 없다. 혼자 사는데도 계획대로 잘 안 된다.

① 새벽 참선
② 포행 마당 몇 바퀴 돌면서 식물들과 인사 나눔
③ 토마토 한 개, 피망 한 개, 고추 한 개 따서 물에 씻어서 먹음
④ 오전 참선
⑤ 108 찬탄문으로 108배 및 축원함
⑥ 금강경 독송함
⑦ 공양
⑧ 걷기 명상함 – 포행
⑨ 개미 친구에게 치즈 한 개 선물함
⑩ 오후 참선
⑪ 대승경전 사경 명상 – 금강경 3권 째 완성
⑫ 오랜만의 소나기 감상
⑬ 넘어진 피망 일으켜 줄로 붙들어 맴
⑭ 설거지

⑮ 직접 만든 민들레차 마시며 어제 들어온 포도 등 과일 먹음

⑯ 저녁 참선

⑰ 간단한 운동함

⑱ 금강경 들으면서 절함

⑲ 무문관 일기 씀

[오늘하루 마음양식]

일체가 머물지 아니하여 기억할 아무 것도 없다.

一切不留 無可記憶

문을 닫고, 75일차

2013년 8월 5일 월요일
불기 2557년 음력 6. 29

오늘의 일종식
잡곡밥, 생두부, 브로콜리, 양배추, 버섯, 박나물, 감자, 자몽, 아보가도, 두유

이식위천以食爲天이란 옛말이 있다.
'밥으로써 하늘을 삼는다' 하였으니 밥이 최고라는 뜻이다. 모든 존재가 삶을 영위하기 위해서는 먹지 않을 수 없지 않은가. 그것은 미물이든 사람이든 공통분모이다.

비가 내려 우산을 쓰고 마당에 나가 해바라기 꽃을 들여다보는데 송충이 같은 벌레가 화분을 헤집고 다니면서 뭘 빨아 먹느라고 정신이 없다. 그 높은 데를 그 작은 덩치로 어떻게 올라갔는지 도무지 이해가 안 된다. 먹고 살기 위해서는 위험도 감수할 수밖에 없는가보다.

　방에 들어와서, 내 친구 개미들을 살피는데 이놈들은 어제 준 주사위 모양의 치즈 때문에 온통 살판이 났다. 온 부족들이 다 나왔는지 아주 새까맣게 붙었다. 낮, 밤 가리지 않고 부지런히 먹어 치우는 식성이 놀랍다. 먹는 것에 전념하는 모습이 오히려 성스럽다. 아무튼 오늘이 다 가기 전에 거덜을 낼 모양이다.

늦은 오후에는 험상궂게 생긴 새가 몇 마리 떼로 날아와서 남이 가꾸어 놓은 방울토마토를 마구 쪼아 먹으면서 주인 눈치를 본다. 좀 있다가 나가보니 여기저기 해를 입혔다. 먹고 살기 위해서는 남의 영역도 무단으로 침범, 물불을 가리지 않는다.

오늘 점심의 일종식 공양은 좀 많이 들어왔다. 기분부터 든든하다. 지난 철 이곳 무문관에서 정진했던 한 상좌가 한 말이 생각난다.

"은사 스님, 무문관에서 한 끼 먹고 살려니 배가 고파 죽을 지경이었습니다. 공양이 봉창으로 들어오면 밥통부터 먼저 들어봅니다. 밥통이 묵직하면 힘이 나고, 밥통이 가벼우면 순간 실망이 됩니다. 석 달 동안 체중이 10kg 가까이 빠졌습니다……."

천하 수행자도 먹지 않고는 성불작조成佛作祖 할 수 없다. 단, 우리가 무엇을 먹느냐가 중요하고, 또 그 먹은 힘을 어디에 쓰느냐가 중요할 뿐이다.

이식위천以食爲天!

어떤 존재에게나 다 통한다. 그 상좌의 말처럼 오늘처럼 묵직한 밥통이 좋다. 밥값은 제대로 해야 할텐데……

문을 닫고, 76일차

2013년 8월 6일 화요일
불기 2557년 음력 6. 30

오늘의 일종식
송이밥, 송이죽, 마, 죽, 나물, 수박, 자두, 두유

늘 느끼지만 시간의 흐름이 빠르다.

일어나서 잠시 정진했다 싶으면 11시 공양이 들어오고, 또 잠시 정진했다 싶으면 4시 설거지 타임이다.

'하루 해 저물자 다리 뻗고 울었다' 는 참선곡 얘기가 실감난다.

참으로 아까운 날들이 급행열차의 차창 밖 풍경처럼 쏜살같이 지나간다. 이러다간 3년 결사 회향도 금방 문전門前에 당도할 것 같다.

시간 없단 핑계로 한동안 방청소를 하지 않았더니 거의 마구간 수준이다. 방청소할 때마다 늘 그렇지만, 이번에도 며칠이나 벼르고 별러서 대작불사大作佛事하듯 큰마음 내었다.

얼마나 청소할 게 많은지 근 1시간을 소모하였다. 벼락치기 공부하듯 한꺼번에 해치우자니 여간 용이 쓰이지 않는다. 애들 말대로 육수가 뚝뚝 떨어질 만큼 온몸이 땀범벅이다. 선풍기 바람이라도 좀 쐬면 나을 텐데 내 체질상 그건 또 맞지 않다. 그래서 선방에 지급된 선풍기는 비닐커버 그대로 선반에 모셔져 있다. 아무튼 덥다.

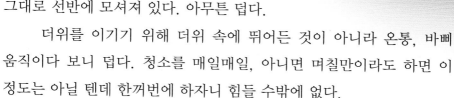

더위를 이기기 위해 더위 속에 뛰어든 것이 아니라 온통, 바삐 움직이다 보니 덥다. 청소를 매일매일, 아니면 며칠만이라도 하면 이 정도는 아닐 텐데 한꺼번에 하자니 힘들 수밖에 없다.

꼭 우리의 마음 닦는 공부와 흡사하다. 대부분 불자들이 평소에는 전혀 수행하지 않다가 특별히 날 잡아서 하는 수가 많은데 그건 옳지 못하다. 너무 오래 방치하면 방바닥에 눌러 붙은 때와 먼지처럼 마음 바닥에 떡지떡지 붙은 업, 번뇌가 잘 떨어져 나가질 않는다. 이것이 오늘의 청소명상이다.

모든 이치, 모든 진리는 다 통한다.

[오늘하루 마음양식]
허허로이 밝아 스스로 비추나니 애써 마음 쓸 일 아니로다.
虛名自照　不勞心力

문을 닫고, 77일차

2013년 8월 7일 수요일
불기 2557년 음력 7. 1

오늘의 일종식
잡곡 찰밥, 미역국, 호박, 더덕, 버섯장아찌, 물김치, 포도, 자두

음력 7월 초하루다.

매일이 그렇듯이 오늘도 사시기도 시간에 맞춰 우리 신도님들의 축원장이 모셔져 있는 쪽을 보고 독경하며 108배를 올렸다. 토요일마다 오는 시자 편을 통해 새 축원장을 받아서 방안의 불단에 올려놓는다. 물론, 그 전에 손에 든 채, 선 자세로 몇 번씩이나 축원을 드린다.

방안에는 전체 네 분의 부처님이 모셔져 있다. 물론 사진이다. 비록 사진이지만 지극정성 할라치면 부처님의 법력이 살아계심을 느낀다. 2~3평 방에 법당까지 있을 정도니 스스로 생각해도 신통하다. 부처님이 설법하시던 영축산 정상의 실제 크기는 200명이 앉기 힘든 협소한 공간이지만 저 법화경에서는 수십만 군중이 함께 하였다는 얘기가 나오는데, 사실 그게 빈말이 아니다.

무문관 방안에는 여러 물건이 있다.

작은 책상 한 개, 최소형 냉장고 한 대, 차상 및 다구 세트, 무릎까지 올라오는 조그만 옷장, 옷장 위의 침구, 방 한가운데 좌복 하나, 샛문과 연결된 세면장, 키보다 높이 있는 3~4m 긴 선반, 선반에서 내린 통대나무 옷걸이, 이것이 전부이다.

별 것 아니지만 이들을 통해서 낮과 밤의 모든 일들이 이루어지고, 해결된다. 참으로 부처님의 신통 묘용이 무문관 안에서 지금, 이곳에서 펼쳐지고 있다.

이 얼마나 환희심 나는 일인가.

더 이상 아무것도 필요치 않다. 그저 땀 뻘뻘 흘리며 절하고, 자세 고쳐 참선할 뿐이다. 이 자체가 감사하고 행복하다. 모든 시주단월들도 축원장의 소원이 이루어지기 전에 먼저 나처럼, 행복부터 했으면 좋겠다. 그렇다면 그 행복은 분명히 영원할 수 있다.

절한 뒤의 11시, 잡곡 찰밥과 미역국이 오늘도 나의 생일인 듯하다. 좋은 날이다.

나날이 좋은 날이다.

[오늘하루 마음양식]

생각으로 헤아릴 곳 아님이니
의식과 망정으로
측량키 어렵도다.
非思量處
識情難測

문을 닫고, 78일차

2013년 8월 8일 목요일
불기 2557년 음력 7. 2

오늘의 일종식
조 잡곡밥, 된장국, 나물무침, 감자, 버섯, 쌈 채소, 포도, 복숭아

계사년癸巳年 하안거夏安居 방함록芳啣錄이 나왔다.

방함록이란 석 달 안거安居를 나는 전국의 선방 및 그 대중을 전부 집대성하여 책으로 엮은 것을 말하는데, 이번 방함록을 보니 선방 수는 100개쯤 되고 대중 수는 2천 명 정도 될 것 같다.

대중이 8명 이상 되는 선원은 방함록에도 등재되고 총무원 전산 이력에도 올라간다. 선원의 종류는 두 가지가 있는데 대중들이 함께 정진하는 일반 선원이 있고, 또 철저히 격리되어 독방에서 정진하는 무문관이 있다. 주로 일반 선원이고 무문관은 몇 없다.

방함록에서 개인 신상은 제한적으로 공개되고 있는 바 노출 사항은 소임, 법명, 은사, 본사, 승려번호, 승랍, 나이 등이다. 특별히 3년 결사는 비고란에 표시해 주는데 전국적으로 무일선원이 유일하다.

이 방함록을 펴내는 주최는 전국 선원 수좌회로서 수십 년 역사를 가진 것 같다.

내가 처음, 1984년 동안거를 송광사 선방에서 날 때도 이 방함록이 있었는데 그때는 선원의 수나 정진 대중의 수가 지금의 절반에도 미치지 못하였다. 해가 갈수록 많은 스님들이 참선 수행에 적극 동참하는 모습이라고 볼 수 있다.

장마철 비에 젖은 목책 그리고 나팔꽃

지금 나온 방함록을 재차 보니, 수계 도반 여러 명이 눈에 띄고 상좌들도 몇 있다. 현재 방함록의 우리절 선방의 공식 명칭은 무일선원無一禪院 무문관無門關이며, 위에서 말한 소임 난에 무문관이라고 표시되어 있다. 총 입방 인원 12명 중 한 명이 결제 하루 전날 펑크를 내는 바람에 11명의 이름이 올려져 있다. 이 인원도 3년 끝까지 원만 회향할 대중은 절반 정도 보면 될 것이다. 이 방함록을 우리 무문관 각 방에 돌려 넣어서 수행의 각오를 다지도록 하는 게 좋겠다.

매사가 그렇지만, 수행도 독려하고 자극을 주면 좀 낫다.

[오늘하루 마음양식]
바로 깨친 진여의 법계에는 남도 없고 나도 없음이라.
眞如法界　無他無自

문을 닫고, 79일차

2013년 8월 9일 금요일
불기 2557년 음력 7. 3

오늘의 일종식
밥, 냉채국, 묵, 엉게장아찌, 깻잎튀김, 자두, 두유

무지 덥다. 여기서는 세상 이야기를 들을 수가 없어서 그렇지 날씨가 이쯤 되면, 분명히 신문이나 TV 뉴스의 첫머리는 폭염, 열대야라고 난리가 났겠다.

요 며칠 밤은, 이 산중 절에서 자는데도 땀이 줄줄 흘러내릴 정도이다. 팔뚝에는 온통 땀띠가 돋았다. 어제는 방안에 들어온 새 한 마리를 손바닥 위에 올려놓았더니 그 작은 덩치의 새도 덥다고 입부리를 벌린 채 헐떡거렸다. 센스 있는 공양주 보살님이 오늘은 뜨거운 국 대신 얼음 띄운 냉채국을 만들어 주었다. 한 숟가락 입에 대자 온몸이 다 시원하다.

이 정도 더위라면 일반 대중 선방은 오후 시간은 무조건 자율 정진이다. 통제하지 않는다는 말이다. 그렇게 되면 정진의 분위기가 식고 다들 나태에 빠진다. 이곳 무문관이 공부하기에 큰 장점이 있다면 바로 이런 경우이다. 자기의 평소 페이스를 지키면서 꾸준히 정진해 갈 수가 있기 때문에 주변이나 객관의 상황에 흔들릴 이유가 없다.

덥다. 그 더운 것을 인정하면 그만이다.

더운 지방에 가서 그 더위를 인정하듯, 한 여름철을 고려해서 이쯤 더위를 인정해버리면 공부에 지장을 받지는 않는다.

"으레 덥지, 더우려니…." 해야 한다.

밖의 열기보다 안의 열뇌熱惱, 번뇌의 열기가 더 무섭다.

문을 닫고, 80일차

2013년 8월 10일 토요일
불기 2557년 음력 7. 4

오늘의 일종식
냉모밀국수, 밥, 연근, 버섯 줄기, 감자, 포도, 바나나

어제, 오늘 조용한 선방에 다소간의 움직임이 있었다. TBC 대구방송에서 무문관 다큐멘터리 제작진들이 왔었는데 더운 날씨에도 아랑곳하지 않고 열심히 하는 모습에 적이 놀랐다.

오늘은, 어제 밤에 촬영한 저녁 좌선 때 샛문이 하나가 열려있어서 그림이 안 좋다며 오후 내내 시간을 기다렸다가 밤에 그 장면만을 다시 찍고 돌아갔다.

기계는, 특별히 맞추었는지 저 포행 마당의 목책 밖에서 카메라가 올라서는 방법을 썼는데, 수행공간은 전혀 침범하지 않아서 선방 스님들의 공부에는 아무런 지장을 주지 않았다.

별도로 무슨 말을 주고받을 필요도 없이, 그저 평상시대로의 모습을 찍는 것이었기 때문에 부담은 없었다. 3년 동안, 한 철에 한 번 꼴로 와서 2~3일 동안 머무르며 이곳 생활을 카메라에 담아 작품을 만들겠다는 계획이다.

처음, 대구방송의 현재 일을 맡고 있는 박대원 부장의 무문관 촬영 제의를 받고 좀 망설였으나 '수행이 곧 포교이다', '수행과 포교는 둘이 아니다' 라는 생각으로 결정을 하게 되었다. 지금까지 일반 선원의 경우는 많이 방송되었으나 특수 선방인 무문관은 그렇지 못했다. 말 그대로 문이 없는 무문관이었기 때문이다. 그런데 우리 무문관은 포행 공간의 장점이 있어서 가능한 일이 되었다.

무문관이라 해서 너무 신비스러울 이유는 없다. 불교 홍포에 도움이 되고 일반 사람들의 삶에 귀감이 된다면, 밀림에 길 하나 내는 심정으로 다소 번다하더라도 행복을 공유하는 쪽으로 가는 것이 맞다.

몇 차례 봉창문 쪽지를 통해 협조를 구했기 때문에 대중 스님들에게 별무리가 없었던 것 같다. 하지만 염려스럽기는 하다. 좀 다른 얘기지만 조용히 앉아 정진하다보면, 고의로 꽤하지 않은 조금의 부스럭거림에도 예민해지기 마련이다. 그래서 쉬는 시간이 많은 대중 선방에 살다보면 아무것도 아닌 걸로 티격태격하는 수가 많다. 이것은, 모든 것을 놓아버리는 방하착放下着 공부를 하다 보니 세밀한 것이 눈에 보여지기 때문이다. 물론, 이 단계도 뛰어넘어야 큰 공부를 한 사람이다.

아무튼, 무문관에 대한 큰 대작이 나올 것으로 자못 기대가 크다. 다 우리 일이므로 오불관언吾不關焉 해서는 안 된다.

[오늘하루 마음양식]
재빨리 상응코자 하거든 둘 아님을 말할 뿐!
要急相應　唯言不二

문을 닫고, 81일차

오늘의 일종식
밥, 된장국, 물김치, 버섯, 나물무침, 콩잎, 상추, 포도, 키위

 가장 애매모호한 말이 있다면 '정체불명正體不明'이다. 무문동산에 처음부터 정체불명의 땅속 줄기 식물이 산지사방 뻗어 다니면서 아무 곳에서나 머리를 쑥쑥 내민다. 잎, 줄기가 부드럽고 갸날파서 동정심을 유발할 정도인데 그의 하는 행동은 아주 꼴사납다.

손바닥만 한 남의 채전 밭을 아주 작살낼 심사인지 채소 사이 이곳저곳을 요괴처럼 쭈빗거린다. 목을 잡고 끄당기면 지하에 묻힌 허리 줄기까지 쭉 달려온다. 그런데 문제는 그 수가 끝도 없다는 점이다. 참으로 정체불명의 식물이다. 내가 시골에서 자랐지만 이런 식물은 처음 본다. 내년 이른 봄이나 올 늦가을에는 무문동산을 전체적으로 파헤쳐서 이 놈의 식물을 완전히 들어내는 수밖에 없다.

그런데 내 몸에도 그저께부터 정체불명의 요괴가 출현했다. 여기저기 붉은 반점이 나타난다. 때 지난 음식을 아깝다고 먹어서 그런 건지, 거미줄에 몸이 잘 걸리더니 그 때문에 그런 건지, 뜨거운 햇볕에 돌아다니다 생긴 자외선 발진 때문인지, 청소를 하도 안 해서 먼지로

인한 것인지, 무더위나 높은 습도에 의한 신체면역력 저하 때문인지, 아니면 복합적 요인이 있는지 알 길이 없다. 말 그대로 정체불명의 피부병이다. 요즘 피부과 전문의들도 피부병은 그 원인을 알기가 어렵다고 말하니 정체불명임이 맞다.

무문관 밖이라도 별 수가 없겠지만, 이곳 무문관 안에서는 자가 치료를 할 수밖에 없다.

쑥차를 다려 죽염가루를 태워먹고 있는데 차도가 있는 것도 같다. 그리고 치료의 한 방법으로 머리털과 수염을 완전히 잘랐다.

정체불명!

우리가 불현 듯 당하는 여러 가지 사고, 인생의 나쁜 운들이 정체불명인 경우가 많다. 사실은 다 정체가 있겠지만 지식, 지혜가 모자라 밝혀내지 못하고 있으니 어쩔 수 없이 정체불명이라고 이름 붙이는 것이다. 특히, 과거 업으로 인한 현재의 대소사가 다 그러하다. 분명히 이유는 있을 것인데 알 수 없으니 답답할 노릇이다.

또한 우연히 일어난다고 느껴지는 번뇌, 망상도 정체불명인 경우가 많다. 자신을 불편하게 하는 정체불명의 사물, 사건, 사람, 생각, 현상이 나타난다면 면밀히, 그윽이 관觀 할 필요가 있다. 집중해서 관하다 보면 스스로 없어지든지, 없앨 수 있는 선방편善方便이 나타난다.

먼저, 관하는 일이 관건이다.

관! 또렷하고 뚫어지게 보아야 한다.

[오늘하루 마음양식]
둘 아님은 모두가 같아서 포용하지 않음이 없느니라.
不二皆同　無不包容

문을 닫고, 82일차

2013년 8월 12일 월요일
불기 2557년 음력 7. 6

오늘의 일종식
잡곡찰밥, 버섯국, 버섯, 브로콜리, 감자, 복숭아, 포도

어제 낮에 ○○회가 다녀갔다고, 봉창으로 쪽지와 더불어 편지가 수북이 들어왔다. ○○회는 대구큰절 저녁반 절수행단체이다. 최근 만들어진 낮반의 절수행단인 ○○회도 잘 출발하고 있다는 소식을 듣고 있는데, ○○회는 이미 튼실하게 자리를 잡고 있는 우리절의 중추적 수행단체이다. 다른 대중들 앞에서 공식적으로 '잘하는 단체이다'라고 치살리는 일은 없었으나 묵묵히 잘해 나가는 모습을 보면서 늘 대견스럽게 생각하고 있다.

○○회가 잘 되어가는 켯속은 임원진의 신심과 열정이다. 이런 점이 편지 여기저기에 잘 표현되어 있었다. 구중궁궐보다 더 철저히 차단된 공간에 들어온 편지라서 노루글로 읽지 않고 세세하게 살폈는데 편지 한 통 한 통이 감동 그 자체였다.

○○회는 이제 보니 모양보다도 속이 더 끌밋한 수행모임이다. '무문관에서 받은 편지'라는 제목으로 사람들에게 소개하고 싶을 정도의 내용이 많다. 축착합착의 서로 맞는 인연의 묘미들이 아니면 이렇게 아름다운 만남들이 되지 않았을 것이다.

참좋은 인연들이다. 학일법學一法 행일법行一法, 한 가지를 배우면 한 가지를 실천하는 사람들!

편지 내용에서 ○○회 불자들은 하나같이 경전공부 부지런히 나오면서 절 수행 열심히 하고 토요일마다 무료급식 봉사에 동참한다. 내가 늘 우리 신도들을 보고 언필칭 '엘리트 불자'라고 말하는 충분한 이유가 ○○회를 보면 알 수 있다.

편지는 모두 희망을 적고 있었다. 우리절 한국불교대학 大관음사는 향후 3년 동안 더욱 승승장구할 것임을 모두 확신하고 있었다. 참으로 오랜만에 듣는 희망의 감로수 법문이었다.

세상살이가 어렵다는 핑계로 온갖 진절머리 나는 일들이 주위에 빈번하게 발생되지만, 바른 법을 만나 환희심을 갖고 바르게 살아가는 이런 불자들의 모습을 보노라니 만감이 교차한다.

오후 뚜벅뚜벅, 무문동산을 거니는데 밋밋한 수직 목책에 내가 쳐준 가는 실선을 타고 무리지어 오르는 더덕줄기가 계속 눈에 든다. 대롱대롱 종 모양의 꽃들이 군락을 이루며 멋진 모습을 연출 중이다. 뙤약볕을 가늘게 흔드는 바람 따라 더덕 종꽃이 진한 향을 내뿜는다. 이미 약속한 듯 벌과 나비들이 부산하게 그의 속집을 드나든다. 무문동산의 여름 오후가 축 쳐지지 않고 오히려 활기차다.

이 세상의 재미난 삶과 행복은 이미 그대들의 것이요, 이미 우리들의 것이다.

[오늘하루 마음양식]
시방의 지혜로운 이들은 모두 이 종취로 들어옴이라.
十方智者　皆入此宗

문을 닫고, 83일차

2013년 8월 13일 화요일
불기 2557년 음력 7. 7

오늘의 일종식
잡곡밥, 김치 두부찌개, 물김치, 호박잎, 우엉, 더덕, 깻잎, 복숭아, 블루베리

'멸각심두화자량滅却心頭火自凉, 헐떡거리는 생각만 쉬어지면 뜨거운 불기운은 저절로 시원해진다'는 옛스님의 말이 생각난다. 이곳 무문관에서는 헐떡거리는 생각 즉, 욕심을 낼 이유가 전혀 없다. 공기나 물은 말할 것도 없고 먹는 것조차 그렇다. 적당량 다 해결이 된다. 오늘 일종식 공양도 넉넉하였다.

고춧가루 하나 들지 않은 그 시원한 물김치, 정성껏 찐 호박잎과 쌈된장, 이만하면 진수성찬이다. 비록 상도 없이 발우공양처럼 땅에 두고 그냥 퍼질고 앉아 먹는 공양이지만 수라상이 부럽지 않다.

무문관!

욕심이라는 파도가 들어오지 못하도록 몇 겹 철조망을 치고 울담도 높이 올렸으니 설령, 바람에 튕겨지는 물방울이 있더라도 이곳에서는 일 없다.

오늘도 시원한 것만 눈에 든다. 상추꽃은 홀씨 되어 비상할 준비를 하고, 그 친구 쑥갓은 늘씬한 키를 뽐내며 14개 노랑꽃잎 달고 서 있다. 한 공간의 가지와 고추는 서로 몸 기대며 입이라도 맞출 것처럼 다정한 모습을 한다.

지금 무문관 뜰에는 하루 종일 보아도 다 보질 못한 그 무엇들이 있다. 아름다움을 살펴 찾는 안목, 심미안審美眼은 누구든 다 갖추고 있다. 전문가가 따로 있는 게 아니다. 본래로 아름다운 세상에 '둔함'의 막이 하나 쳐져 있을 뿐이다. 요동치는 마음, 헐떡거리는 생각만 없어지면 아름다운 것들이 저절로 눈에 들어온다. 수행의 참된 묘미가 여기에 있다.

'생각을 그치고 가만히 들여다 봄'

[오늘하루 마음양식]
종취란 촉박하거나 늦출 것도 없어서 한 생각이 만년이로다.
宗非促延　一念萬年

문을 닫고, 84일차

2013년 8월 14일 수요일
불기 2557년 음력 7. 8

오늘의 일종식
연근쌀밥, 생두부, 더덕, 시래기나물, 양배추, 두부, 사과, 토마토주스

간밤은 더욱 바빴다. 어제 저녁 정진 끝에 배가 고파, 며칠 동안 조금씩 남겨둔 복숭아, 포도 등 물 질퍽질퍽한 과일을 잔뜩 줏어 먹었더니 자다가 화장실을 서너번이나 갔다.

아침 기분도 전환할 겸 늘, 내심에 두고 있었던 특별한 차를 만들기로 하고 울담뿌리에 앉아있는 씀바귀를 굵은 대궁 째 채취했다. 씀바귀로 차를 만들 요량이다.

씀바귀는, 보통 식용으로 하는 민들레잎 닮은 길쭉길쭉한 것이 있는가하면, 그냥 보아서는 지나치기 쉬운 잎 넓적넓적한 것이 있다. 오늘 씀바귀차의 소재는 후자이다.

먼저, 큰 보자기 하나를 폈다. 그리고 고무장갑을 끼고는 가위로 전초全草를 잘게 잘랐다. 제법 한 무더기 볼만하다. 그런데 느닷없이 젓가락만한 지렁이 한 마리가 나타나 보자기 위를 긴다. '여기서 뭘 하느냐?' 하며 궁금해서 온 눈치였다.

잠시 지켜보더니 다시 건조한 흙으로 내려앉는다. 나는, 그의 재미스런 행위를 본 대가로 토룡의 몸과 땅에 물을 조금 부어 주었다. 그리고 다시, 씀바귀차 작업에 열중하였다. 씀바귀차를 이렇게 생각한 것은 마실 차가 없어서가 아니라 단순한 탐구심이다.

　나는 탐구심이 좀 특별난 것 같다. 강의 준비를 하거나, 책을 쓰거나, 불사를 하거나, 무슨 일을 할 때 바닥이 드러나야 직성이 풀린다. 이놈의 지독한 탐구심 때문에 주위 사찰, 스님들의 질시도 많이 받는다. 우리절이 21년간 너무 발전했다는 반증이기도 하다.

　정말 장래가 촉망되는 한 젊은 후배 스님이 3년 결제 직전에 찾아와 물었다.

　"스님은 수백 명 스님의 힘을 합쳐도 할 수 없는 일을 하셨습니다. 한 사람이 하려면 수십 평생을 해도 감당하기 힘든 엄청난 불사였습니다. 큰스님의 그러한 동력이 도대체 어디 있다고 스스로 보십니까?"

　소이부답笑而不答, 웃고서 대답하지 않고 있는데 계속 보챘다. 할 수 없이 생각나는 대로 말했다.

　"그 첫째는, 현재 우리 불교가 이런 것을 해야 한다는 원력과 그 둘째는, 내 통장 갖지 않는 공심과 그 셋째는, 끊임없이 노력, 집중하는 정진력이었소."

이건 전생부터 내려온 나의 작은 선업善業일지 모른다. 아무튼 그러하다. 그런데 이 세 가지 공통요소를 한데 뭉쳐, 반죽해서 말하라면 '탐구심'이 아닌가 생각한다.

씀바귀차!

이 세상에 씀바귀차는 없다. 어떤 자료에도 없다. 들어본 적도 없다. 하지만, 내가 만든다면 처음이요, 그것은 특별하다. - 탐구심의 대단한 결과물이다.

무문관 3년 청정결사의 구상도 그러하다. 끊임없는 도전과 탐구심에서 비롯됐다. 사실, 이 자체로서 불가사의하다. 동참하는 신도님들도 그러하다. 탐구하는 삶은 신선하다. 오늘과 내일이 늘 다르기 때문이다.

입추 지낸 아침 공기가 신선하다.

문을 닫고, 85일차

2013년 8월 15일 목요일
불기 2557년 음력 7. 9

오늘의 일종식
좁쌀 쌀밥, 콩나물 된장국, 묵, 연근, 가지, 박나물, 깻잎, 바나나, 배, 사과

가을의 전령사, 코스모스가 왔다. 무문관 전체 뜰에 딱 한 송이! 그것도 도린 곁의 연약한 모습으로…. 강아지 풀 숲에 비해서 키가 난장이다. 꽃 크기는 엄지손톱만 하다. 하지만 너무 반갑다. 울담을 가득 채우고도 남는 연분홍 가을빛이여!

나는 가지고 놀던 '홀로 배드민턴 채'를 내려놓고 한참동안 그와 놀았다. 갸날픈 몸매로, 얼굴엔 핏기도 없이 여기까지 온 사연을 물었다. 그는 야무지게 말했다.

'청량한 바람을 데리고 왔다.' 고….

그런가, 코스모스의 영험이었던가! 오늘 아침이 시원하였다. 좀 살만하다. 본래 더위를 많이 타는 체질로 요즘 들어 몸의 면역시스템에 심각한 장애가 발생하였는데 목소리까지 다 갔다. 부서질 듯 아프다. 청량한 바람이 왔으니, 지금의 건강상태는 곧 어누룩해질 것이다.

'무문동산의 꽃은 아닐지라도…. 푸새나 남새가 될지언정 결코 울을 넘는 일은 없을 것이다.' 라는 애초 나의 결심이 통하고 있다. 여기까지 와준 코스모스가 고맙다.

오전 11시의 공양에는 햇사과, 햇배가 봉창문을 통과하였다.

벌써 가을맛이 입안 가득하다.

[오늘하루 마음양식]

있거나 있지 않음이 없어서 시방이 바로 눈앞이로다.

無在不在　十方木栓

문을 닫고, 86일차

2013년 8월 16일 금요일
불기 2557년 음력 7. 10

오늘의 일종식
현미밥, 호박잎국, 양배추, 감자, 비름, 버섯, 상추, 햇배, 바나나, 포, 떡

요즘 들어 벌레들과 부쩍 친좁게 지낸다.

오늘도 여러 건의 일들이 있었다. 아침, 세면장에 들어갔더니 눈이 한 쪽 없는 집게벌레가 돌아다니고 있다. 그 놈의 옆구리에 손가락을 끼고 돋보기를 들이대어 보았지만 분명히 애꾸눈이었다.

측은한 생각에 데리고 나가 별꽃아재비 밭에서 실컷 놀고 다시 보니 눈이 돋아나기 시작하였다. 희한한 일이 벌어졌다. 아- 그런데 나중에는 완전한 눈이 갖추어졌다.

점심나절, 수저통처럼 쓰고 있는 컵 속에 때깔이 그럴듯한 벌 한 마리가 머리를 쳐박고 뭘 빨아먹는지 정신없이 하다가 주인을 보더니

황급히 물러앉는다. 그리고는 문틀에 자리를 펴고 5분간이나 오체투지 하듯 머리를 땅에 대고 꿈쩍하지 않는다. 영락없이 참회하는 폼이다.

오후, 함초롬히 서 있는 개똥쑥 위의 베짱이

는 내가 다가가도 꿈쩍 않고 한껏 여유를 부리며 자기 삶을 즐긴다. 그 옆에는 나팔꽃 줄기가 뻗었는데 가만히 들여다보니 큰누에만한 푸른 벌레가 거기 올라서서 호젓하게 대궁이 순을 갉아먹고 있다.

밤, 방충망을 어떻게 뚫고 들어왔는지 반들반들 야무지게 생긴 까만 메뚜기 한 마리가 금강경 사경 책 위를 환희용약하면서 설레발이를 친다. 그런데, 밉지가 않다.

온갖 벌레들이 다 가족이 되었다. 일체중생 개유불성一切衆生 皆有佛性, 생명 있는 온갖 것들이 다 불성佛性, 부처님 성품이 있다 하였으니 면밀히 관찰하고 사귈만하다.

일전에 시자를 통해 성지순례용 큰 카메라가 도착하였는데 나는 그들의 모습을 담으면서 말했다.

"철든 벌레들아! 이해하거라. 인간의 입들이 여간 별난 게 아니란다. 그래서 지금 찍는 사진들, 당장은 못 보여준단다. 인간들의 머릿속에 망각의 그림자가 드리울 때 가능할 일이지…."

[오늘하루 마음양식]

지극히 작은 것이 큰 것과 같아서 상대적인 경계가 모두 끊어지니라.

極小同大　忘絶境界

문을 닫고, 87일차

2013년 8월 17일 토요일
불기 2557년 음력 7. 11

오늘의 일종식
콩국수, 밥 조금, 감자, 연근, 고구마줄기, 김치, 수박, 복숭아

밤 포행 중에 지네에게 발을 물렸다. 따끔따끔하면서 쓰라린다. 이 무슨 행운인지 병중에, 침 맞듯 몸 컨디션이 좋아지는 느낌을 받는다. 실지로 좋다. 신장으로 와준 지네가 고맙다.

대충의 세상인심이 어떻게 돌아가는지는 꼭 듣고, 꼭 보지 않아도 알 수 있다. 지금쯤 무문관 밖의 사정은 대부분 명상과 평화의 무드이겠지만, 극히 일부는 부정적인 기운도 없잖아 있을 것이다.

이 거창한 3년 천일청정결사의 진행과 견해에 대해서 하는 말이다. 현재 나의 정진은 모든 것을 다 내팽개치는 공부가 아니라, 오히려 대중을 통섭하는 큰 살림의 공부이기 때문에 3년 결사 중 첫 3개월을 마치면서 우리 신도님들에게 한말씀 하지 않을 수 없다. 그래서 다음과 같은 편지를 시자 편을 통해 주면서 주보에 게재하도록 하였다.

사바세계의 오탁이 현존하고 분별심 가득한 중생의 인식구조가 바뀌지 않는 이상 이러한 방편과 조치는 불가피하다.

"공부하고 수행하고 봉사하는 한국불교대학 大관음사 엘리트 법우님들 반갑습니다. 벌써 하안거가 끝이 납니다. 여름 내내 백중 천도재 지내시고, 3대 대승경전 사경명상 하시느라 수고들 하셨습니다. 절대 그 공덕이 헛되지 않을 것이고 부처님의 가피가 함께 할 것입니다.

오늘 말씀드리고 싶은 것은 교감입니다.

교감, 서로 생각하고 같이 느낀다는 것은 곧 소통이요, 이것이 일불승—佛乘 즉, 하나된 부처님 세계를 만들어가는 출발점이자 전체입니다. 우리 한국불교대학 大관음사가 짧은 세월에 장족의 발전을 한 것은 저와 우리 신도님들, 우리 스님들과 신도님들, 신도님들 상호간의 교감이 늘 충분했기 때문입니다. 그래서 그러한 인연들이 모여서 한국불교와 세계불교에 모델이 될 만한 정법 대도량을 세웠고, 앞으로도 더욱 성장해 갈 것입니다. 불국토의 초석이 이제 다져졌습니다. 참으로 환희롭고 자축할 일입니다. 이즘해서 우리들이 다시 천일청정결사를 도모하고, 참선, 사경명상, 금강경 독송 수행 등을 하는 것은 우연한 일이 아닙니다. 이는 필시 전생부터 우리 모두가 동수정업同修淨業, 다같이 정업을 닦아온 선의 과보일 것입니다. 우리는 참좋은 인연으로 만난 것이 분명합니다.

그런데 주위를 둘러보면 우리의 인연을 훼방하려는 사람들이 아주 많습니다. 덕담, 칭찬보다는 헛된 피해의식에 사로잡혀 험담, 비방하는 삿된 무리가 많음을 전제해야 합니다.

잘 들어보면, 회주 스님의 3년 결사로 인한 공석을 걱정하는 말인지, 차제에 우리절이 문 닫았으면 좋겠다는 말인지는 곧 알 수 있습니다.

스스로는 한발자국도 나아가지 못하고, 저만치 힘차게 전진해가는 우리절을 상대로 구업을 짓는 사람들이 많으니 소가 다 웃을 일입니다. 승속 간에 수준 낮은 그러한 사람들과는 상대하지 않는 것이 상책입니다.

......

3년 청정결사, 이제 시작입니다. 지금부터라도 사경해야 합니다. 그러면 운명을 바꾸고, 삶의 패러다임을 행복으로 가져갈 것입니다. 우리 끝까지 용맹정진할 것을 간곡히 부탁드립니다. 열심히 하다보면 3년, 그리 길지도 않습니다. 교감이 중요합니다.

늘 평안하시고 다음시간에는 목 건강을 회복해서 제 육성으로 메시지를 전달하겠습니다.

관세음보살

한국불교대학 大관음사 無一우학 合掌"

[오늘하루 마음양식]

지극히 큰 것은 작은 것과 같아서 그 끝과 겉을 볼 수 없음이라.

極大同小 不見邊表

문을 닫고, 88일차

2013년 8월 18일 일요일
불기 2557년 음력 7. 12

오늘의 일종식
잡곡밥, 묵국, 물김치, 호박잎, 연근, 버섯, 브로콜리, 바나나, 포도, 식혜, 애플주스

오후 4시, 설거지 끝나고 5시까지는 스님들의 움직임이 다소 부산함을 느낄 수 있다. 주로, 운동하기 위해서이다.

무문관 좁은 공간에서는 운동이 필수적이다. 결제하던 날, 대웅전 고불식 법회에서 스님들에게 '틈만 나면 움직이라'는 말을 했다.

내 과거의 다른 무문관 경험에 기인한 것이지만, 무일선원 무문관에 포행 공간 겸 운동장이 있는 게 천만다행이다. 석 달 안거 정도야 그렇지만 3년 안거는 체력과의 싸움일 수도 있기 때문이다.

운동장 없는 다른 무문관에 지낼 때는 결제 시작 전날, 방 안에 두

가지 물건을 슬쩍 들여 놓았었다. 하나는 좀 굵으면서도 작달만한 막대기요, 또 하나는 혼자 들기에 좀 버거운 돌덩어리였다. 막대기로는 배드민턴 채 휘두르듯 하며 몸을 풀었고 돌덩어리로는 온갖 수단을 가자해서 근력운동을 도모하였다.
지금, 이곳 무일선원 무문관에서 주로 하는 운동은 내가 개발 정리한 무일선체조와 혼자 치는 배드민턴이다.

혼자 치는 배드민턴!

그간 많이 늘었다. 셔틀콕을 땅에 한 번도 떨어뜨리지 않고 오늘은 약 천 번을 쳤는데, 대기록이다. 다른 방 스님들은 주로 줄넘기하는 소리가 많이 들린다. 개인의 취미이겠지만 줄넘기보다는 배드민턴이 훨씬 재미있고 할 만하다. 운동도 자기하고 싶은 것을 해야지 남이 좋다 해서 억지로 해서는 오히려 스트레스가 되기 쉽다.

선방에서 무슨 배드민턴이냐고 말할 수도 있으나 그건, 그렇게 보는 그들의 사정일 뿐이다. 남에게 피해주지 않고 스스로에게 유익하다면, 그냥 하면 되는 것이지 그까짓 체면이나 형식을 따져서 어디다 써먹겠는가! 세상일이 다 그렇다. 그러한 면에서 우리 모두는 좀 더 솔직하고 본질적일 필요가 있다.

아무튼, 무문관 생활의 대전제는 스스로 운동을 해야 한다는 사실이다. 항상 4시가 기다려진다. 옆방 정진에 신경을 좀 덜 써도 되는 자유시간이기도 해서 그렇다.

[오늘하루 마음양식]
있음이 곧 없음이요 없음이 곧 있음이니라.
有卽是無 無卽是有

문을 닫고, 89일차

오늘의 일종식
잡곡밥, 된장국, 연근, 고사리, 견과류, 포도, 복숭아, 바나나, 빵, 두유

계절의 순환에 온 생명체의 살림살이가 포실해졌다.

귀뚜라미는 살이 많이 쪄서 야밤에 목책을 타고 놀고, 사마귀란 놈은 힘을 올렸는지 당랑거철螳螂拒轍의 태도로 내 좌복 앞에 불쑥 나타나 눈씨름을 한다. 언제 그렇게 컸는지 작은 토끼만한 서생書生이 어제부터 풀밭에서 설친다. 정진시간을 용케 알아차린 산새들은 주인 몰래 강아지풀 씨앗을 따먹는 시간이 많다. 한구석 토마토 묵정밭에는 짐승들이 따먹다만 열매들이 아직 여러 개 남았다.

하늘의 달도 며칠 새 많이 포실해졌다. 오래 가꾸고 기다린 달맞이가 내 키를 재려는 걸 보니 곧 꽃이 피겠다. 돌마니적 시절보다 더 많이 벗어젖히고 더 많이 씻어 내린 덕분인지, 하안거 동안 내 안의 마음살림살이도 많이 포실해졌다.

지난밤은 열 시에 귀뚜라미 소리를 자장가로 들으며 잠을 청했고, 오늘 새벽은 두 시 반에 맑고도 높은 풀벌레 곡조를 감상하며 새날을 더듬었다.

무문관 ○○호 스님 방에서 이빨 통증이 심하다며 쪽지가 들어

왔다. 나는 간단히 답했다.

"나는 치과의사가 아닙니다. 문도 다 잠겨 있으니 좌복 위에서 버티세요."

베짱이와 나팔꽃

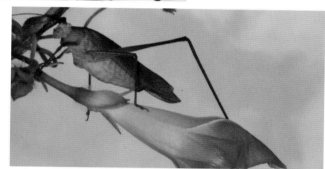

[오늘하루 마음양식]

만약 이 같지 않다면 반드시 지켜서는 안 되느니라.

若不如此　不必須守

문을 닫고, 90일차

2013년 8월 20일 화요일
불기 2557년 음력 7. 14

오늘의 일종식
연근밥, 콩나물국, 오이무침, 장아찌, 우엉뿌리, 복숭아, 옥수수

시자를 통해 특별한 편지가 한 통 들어왔다. 새로 들어온 행자님의 법명을 지어달라는 대구큰절 서기 ○○ 수좌의 요청이었다. 아울러, 사미 스님들의 가을 수계 일정도 소상하게 밝혀두었다.

현재, 우리절의 행자는 8명이다. 출가자가 줄어드는 시대 상황을 감안한다면 우리절은 비교적 후학들이 많이 들어오는 셈이다. 웬만한 본사보다도 그 숫자가 많다. 아마 이것은 우리절의 대중 스님들이 여법하게 잘 살아 행자들의 귀감이 되기 때문일 것이고, 둘째는 시대에 맞는 행자교육의 민주적 방법이 큰 성과를 내기 때문이 아닌가 한다.

물론, 우리절은 수계 후 교육에 들어가는 모든 물질적, 금전적 지원을 시스템으로 장치하고 있는 큰 장점이 제방에 소문이 잘 난 덕도 있다.

아무튼, 입문하는 행자가 많은 것은 좋다. 숫자가 많아야 한다. 대중의 숫자가 많다보면 거기에서 특출한 인물도 나타나는 법이다. 여러모로 우리절은 희망적인데, 특히 60명의 출가대중이 운집해 있다는 사실은 불교중흥의 기틀을 마련할 수 있는 더없는 호재일 수 있다. 大관음사 전체 대중 스님들의 은사인 나로서는 상좌들에게 거는 기대가 자못 크다.

이번에 지은 마지막 8번째 행자의 이름은 ○○이다.

아침 일찍 수확한 과일 맛이 일품이다. 수박과 참외, 피망과 고추, 가지와 방울토마토 등 끝물이 풍성하다.

스스로 지어서 스스로 맛보는 기쁨은 청법聽法으로도 미칠 수 없고, 책 속에서도 찾아질 수 없다. 진리법칙을 무시하는 발무인과撥無因果의 착각만 아니라면, 공덕功德의 과보果報는 언제나 현전現前에 있음을 본다.

그러니 어찌 마음공부를 등한시 하겠는가!

[오늘하루 마음양식]
하나가 곧 일체요 일체가 곧 하나니라.
一卽一切　一切卽一

문을 닫고, 91일차

2013년 8월 21일 수요일
불기 2557년 음력 7. 15

오늘의 일종식
찰잡곡밥, 미역국, 마, 무침나물, 사과, 배, 떡

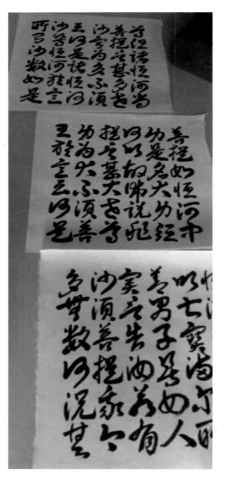

다시, 사람이 만든 시간의 매듭 위에 섰다.

계사년 하안거 해제일이다. 3년 결사結社의 특성상, 해제라 해서 걸망을 메고 휘적휘적 산문山門을 나가는 기분은 없지만, 오늘은 그런대로 정진하면서 즐기는 하루를 보냈다. 특히나, 금강경 4번째 사경명상으로 붓글씨 초서를 완성하니 더욱 기분이 좋다. 제불조사諸佛祖師님은 물론, 백중 영가님들께도 면목이 선다. 호사다마라고 해야 할까 – 한 스님은 3년 결사에 참여해놓고 금일 아침, 단 한 철 만에 짐을 싸서 떠났다. 사람마다 근기根機가 다르니 어쩔 도리가 없다.

한편, 우리절의 부속 출판사에서 만들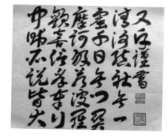
어낸, 본인 저자의 무문관강론이 때마침 나
와 각방 스님들께 법보시하였다. 전국의 선
방과 총무원에도 다 돌리라고 일전에 쪽지
로 지시한 적이 있다. 그렇게 했을 것이다.

우리 무문관 선방에는 책을 넣는 김에 '완벽한 참선법'도 동봉하
였다. 완벽한 참선법의 주된 핵심은 내가 주창하는 선관쌍수禪觀雙修인
데, 폐관하기 직전에 옆방 ○○ 상좌에게 꼭 책대로 수십 번이고 반복
해서 수행할 것을 타일렀다. 전달되는 기운을 느껴보면, ○○ 상좌
가 지금까지 열심히 정진을 잘 하는 듯하다.

대견스럽다.

다시 새로운 한 철!

가을에는 '무문관 일기'는 간략히 쓰고, 옛 선사들의 문답인 '깨
달음의 대화'로 불교인드라망에 나타날까 한다. 늘 그래왔듯이 하화중
생下化衆生을 소홀히 할까 스스로 살피고 있다.

이곳이 무문관이지만 '시줏밥 얻어먹고 기본은 해야 되지 않는
가'라는 나의 평소 생각이 어느 정도 실천되고 있다.

아무튼, 새로운 한 철도 가던 길 그대로 간다.

'자비도량참법' 수행을 가미할 계획이다.

[오늘하루 마음양식]
다만 능히 이렇게만 된다면 마치지 못할까 뭘 걱정하랴.
但能如是　何慮不畢

문을 닫고, 92일차

2013년 8월 22일 목요일
불기 2557년 음력 7. 16

오늘의 일종식
잡곡밥, 배춧국, 연근, 감자채, 비름나물, 사과, 복숭아, 두유, 요구르트

스님들의 공식 수행기간인 본철 결제는 동안거와 하안거이다. 비공식적 수행기간인 산철에도 결제를 나는 수가 더러 있는데 이를 '산철 결제'라고 한다. 3년 결사 중인 이곳 무문관은 3년 전체가 결제기간이므로, 어제 계사년 하안거가 끝났다 하더라도 오늘 역시 당연히 안거 중이다. 꼭 의미를 덧붙이자면 가을 산철 결제의 입재일이라고나 할까.

그러하다. 개인으로야 매일 매일이 입재일이겠지만 무문관 전체적으로 보면 금일이 산철 결제 시작 날이다. 중요한 날이다.

이 중요한 날, 무문관 밖의 감포도량에서는 큰 행사가 열렸다. 행사의 하이라이트는 백중위패를 사르는 영가봉송법회였는데 오전 내내 억수로 퍼붓는 장대비 때문에 애를 태웠다. 무문관 방 안에서 있는 힘을 다해 기도하면서 용을 쓰는 바람에 온 몸이 다 뻐근하다. 작은 기적은 이루어졌고, 행사는 날 맑은 상태에서 회향되었다.

다음은, 무문관 선방 3개동 전체를 도는 회전 법회가 진행되었다. 신도님들이 얼마나 많이 오셨는지, 근 1시간 동안이나 발자국에서 묻어나는 신심의 향기를 맡을 수 있었다.

그리고 그 다음은, 찰견대 만남이었다. 200m 거리를 두고 단, 6분의 만남! 시간 6분은 여섯 생을 만난 것보다 더 귀중한 교감이 되었다.

신도님들이여, 행복하소서….

[오늘하루 마음양식]
믿는 마음은 둘 아니요 둘 아님이 믿는 마음이니라.
信心不二　不二信心

문을 닫고, 93일차

2013년 8월 23일 금요일
불기 2557년 음력 7. 17

오늘의 일종식
밥, 연밥, 두부된장국, 땅콩, 연근, 미나리, 아보카도, 토마토주스

살아있는 것은 다 위대하다. 살려고 노력하는 존재들은 그만큼 숭고한 가치가 있다.

유심히 살펴보면, 세상에 살아남는 존재가 그리 많지 않다. 내 작은 터앝의 작물들을 보아도 그렇다. 수백 개의 씨앗을 뿌렸지만 머리조차 내밀지 않은 경우도 허다했다. 수십 대 일의 생존확률로 섬돌 틈에서 싹을 틔워 한 줄기 길게 울담을 타고 가던 강낭콩이 너댓 개 콩 담은 콩깍지를 보여 주던 날은 참으로 경이로움 그 자체였었다.

환경도 좋지 않은 곳에 자리하고 있다가 사고로 장애가 된 해바라기 한 그루는 지금도 목책에 기대어 명상하듯 자신의 열매를 수확하리라는 기대로 정진 중이다.

하필이면 포행길 가운데 태어나 밟히고 밟히며 또 밟히던 질경이는 산철 결제를 아는지 대롱대롱 수십 개씩 씨앗을 매달았다. 이 얼마나 위대하고 숭고한 일들인가!

　금일 공양 직전에는 평생에 한 번 보기 힘들다고 해야 할, 생명의 불가사의한 실상을 목도目睹하였다. 무리로 풀풀 날던 홀씨가 무문관 칸막이 송판에 붙어 바람 따라 일렁이며 춤을 춘다. '살아야한다, 살아날 때 만이 가치가 있다'는 함성을 지르고 있다.

　생명의 신비! 살아있는 자체가 신비스럽다.

　산철 결제 둘째날이다. 무문관 각 방에서 살아있음을 확인하며 허리를 곧추 세우고 해제 없이 정진하는 스님들의 의지가 대견스럽다.

　'천일 청정결사'

　3년 후에는 분명히 크나큰 성취가 있을 것이다.

　앞만 보고 갈 일이다. 바야흐로 지금도 청풍명월淸風明月 호시절好時節인데, 훗날은 얼마나 더 가슴 벅찬 세월이 되겠는가!

　자성관세음自性觀世音이여, 감사하고 사랑합니다.

[오늘하루 마음양식]
언어의 길이 끊어지니 과거 현재 미래가 아니로다.
言語道斷 非去來今

문을 닫고, 94일차

2013년 8월 24일 토요일
불기 2557년 음력 7. 18

오늘의 일종식
강낭콩 섞인 밥, 유부초밥, 두부된장국, 호박나물, 연근, 바다나물, 청포도, 복숭아

이른 아침 석 장의 런닝셔츠에 먹물 들인다. 백반, 소금, 식초를 사용한다.

먹물 들인 회색옷. 나는 늘 회색을 공空의 색깔이라고 말한다.

회색옷을 만드는 작업을 하면 신심信心이 돋는다.

스스로 먹물들인 회색옷을 입고 있으면 마음은 편안해지고 힘이 난다. 옷 석 장이면 3년은 거뜬히 난다.

오늘의 이 일기는 시자 편을 통해 무문관 봉창 밖으로 나가는 약 백일간의 기록이다.

'무문관 첫 백일 일기', 그 끝 지면을 빌어 적는다.

"수행을 도와주시는
모든 분들께 감사의 예 올립니다.
무일귀대도無一歸大道,
하나도 남김없이
중생계에 멋지게 회향하는 날을 기다립니다."

無一 우학 合掌

하루만
볼 일이 아니다

날들이 하루거리다.

일희일비日喜日悲이다.

금강경 여섯 번째 붓 사경의 시작은

큰 화선지 첫 시도만큼 가슴 벅찬 날이었다.

그 이튿 날은 작은 냉장고 위에 포개 둔

흰 화선지가 눅눅해져

곰팡이 슬고 있는 우울한 날이었다.

요즘도, 과거도, 앞으로도

날들이 맑았다 개었다 한다.

위장의 병 상태가

좋은 날, 나쁜 날을 반복한다.

내일은 또 편안할 테지.

하루가 무한정의 날을

죄다 뭉갤 수는 없다.

지금 비고 오고 있다.

타산지석

바람아 와서
방청소 좀 해주렴
수십일 묵힌 방이라
치울게 많을 거야.

착한 바람이 다녀가고
명경알처럼 반질반질 해졌다.
아침 되자
바람은 이번엔 자청해서
물걸레 들고 한참 밀어댔다.

하하.
밤새 온갖 티끌과 터럭들이
또 어디서 났는지
바람에 날리며 어지럽다.

옆에 섰던
마음의 티끌이
친구마냥 금새 알아듣고
타산지석을 머리에 인 채
황망慌忙히
저만치 물러선다.

여자로
태어났다면

칼로 무 썬다.
기침에 특효라고 하니
꿀에 잴 참이다.

총 총 총 총 총······
채를 썰다가 망상과 영상 통화했다.

할머니와 어머니의
무 써는 모습이 비치고······
내가 여자로 태어났다면
어떠하였을까?

아서라, 골치 아프다.
여자가 무도 하나 못 썬다고
동네북 되었겠지.

이 모양으로
대만족이다.

무문관첫백일일기

초판발행   2015. 4. 25
초판 3쇄   2015. 5. 10

글과사진   無一 우학 스님

펴낸곳   도서출판 좋은인연 book.tvbuddha.org
         편집/ 김현미 모상미 김규미 이근희
         등록/ 제4-88호
         주소/ 대구 남구 중앙대로 126
         전화/ 053.475.3706 ~ 7

ISBN   978-89-93040-64-7(03220)

잘못된 도서는 **구입처에서 교환**해드립니다.
이 책의 저작권은 저자에게 있으며 서면에
의한 저자, 출판사의 허락없이 내용의
일부를 인용, 발췌 및 복제를 금합니다.

우리절 한국불교대학 大觀音寺
다음카페 불교인드라망/ 홈페이지 한국불교대학
사회복지법인 無一복지재단/ 사단법인 NGO B.U.D
의료법인 無一의료재단 참좋은 병원/
참좋은 이서중·고등학교/ 참좋은 어린이집·유치원